あそび・記録
指導案が充実

実習生の悩みを解決!!

教育・保育実習 安心ガイド

阿部　恵
鈴木みゆき　編著

ひかりのくに

はじめに

　子どもが大好きな実習生のみなさん。これから保育者をめざそうとされている方々。先行き不安な今の世の中にあって、みなさんほどすばらしい人々はいないと思います。

　今こそ私たち大人が、子育てへの責任を自覚しなくてはならないときです。保護者、保育者のみならず、すべての大人がです。

　乳幼児期は人間形成の基礎ができる、人生で最も大切な時期です。この時期に私たち大人が、しっかり子どもたちを見守り、受け入れて、人間に対する安心感と信頼感をもって成長していけるようにしていきましょう。

　保育にかかわることは、本当にすばらしいことです。自信と誇りをもってのぞみましょう。それにはやはり努力が必要です。だれかが言うから、単位のために仕方なくするのはおもしろくありません。「もっと○○くんや○○ちゃんのことを知りたい！」「もっと○○くんや○○ちゃんとかかわりたい！」「もっと楽しく、充実した園生活にするにはどうしたらよいだろう」こう考えると、苦しいことつらいことも喜びに転化していけると思います。

　どうか、この本を参考に、いっしょにがんばりましょう。

　　　　　　　　　　　　阿部　恵・鈴木みゆき

この本の特長

この本は、実習生の方々の声を反映させて、

- 子どもたちとどのように遊ぶのがよいか。
  → **Ⅰ・子どもと遊びましょう**
- 保育の記録はどのようにつければよいか。
  → **Ⅱ・記録をつけましょう**
- 指導案はどのように立てればよいか。
  → **Ⅲ・指導案を立てましょう**

という3つのポイントを中心に構成しています。

Ⅰ・子どもと遊びましょう では…

☆**年齢に応じたさまざまなあそびを紹介しています。**
すぐにできる、子どもたちが楽しめる、「きっかけづくりのあそび」「手あそび歌あそび」「室内のあそび」「屋外のあそび」「作って遊ぶ」「アイデアあそび」「絵本の楽しみ方」「紙芝居の楽しみ方」を掲載しています。どの部分から読み進めていただいてもよいでしょう。実際に保育者になってからも、身につけておきたいあそびばかりです。

Ⅱ・記録をつけましょう では…

☆**先輩実習生の保育所(園)・幼稚園・施設実習での記録の実例をもとに再構成しました。**
必ずしも、これらがお手本やマニュアルというのではありません。年齢や園によって違う生活のようすを読み取りながら、保育に生かせる記録はどういうものか、考えるきっかけにしていただきたいと思います。悩み・苦しみながらも、一生懸命に取り組む先輩がたの努力、発展途上ではあっても、学ぶべきところがたくさんあります。

Ⅲ・指導案を立てましょう では…

☆**先輩実習生の保育所(園)・幼稚園・施設実習での指導案の実例をもとに再構成しました。**
かといって、これらがお手本やマニュアルというのではありません。ねらいに対する保育内容や環境構成、配慮事項、保育者の援助といったことを考えるきっかけにしてください。未熟なところや不足しているところもありますが、先輩がたといっしょに計画を立てているつもりで参考にしてください。

☆**序章**や**付録**では、欄外に設けた「先輩からのひとこと」にもある"子どもの発達をもっと勉強していくべきだった"という反省にこたえる**子どもの発達とあそびの一覧表**や、**実習前・実習中・実習後のチェックリスト**、**施設実習に役立つ情報**なども盛り込んでいます。

CONTENTS
もくじ

はじめに …………………………… 2
この本の特長 ……………………… 3

序●知っておきましょう
実習の意味は？ …………………… 6
実習の目標は？ …………………… 9
0～5歳児の発達とあそび ………… 10
0・1・2歳児の発達にそったあそびの一覧 ‥ 12

I●子どもと遊びましょう

●きっかけづくりのあそび ……………… 14
わたしはだあれ？（0～2歳児） ………… 14
バナナ大好き・いただきます（3～4歳児） 15
おもしろ自己紹介（3～5歳児） ………… 16
〈新聞紙の手品で印象的に〉

●手あそび　歌あそび ……………… 17
でんでんむしむし（0～2歳児） ………… 17
おいしいおイモパクッ（0～2歳児） …… 18
みんなのげんこつ山（2～5歳児） ……… 19
ヘンシンむすんでひらいて（2～3歳児） 20
ごんべさんのあかちゃんとおともだち
（2～5歳児） ……………………………… 21
わくわくおべんとうばこ（2～5歳児） … 22
とんがり山のてんぐさんにばあ！（3～5歳児）
……………………………………………… 23
いっぽんばし にほんばし なんになる？
（3～5歳児） ……………………………… 24
いっぴきの野ねずみがチュチュチュのチュ
（3～5歳児） ……………………………… 25

●室内のあそび ……………………… 26
ホースのフープ（0～2歳児） …………… 26
段ボールでアソボ（0～2歳児） ………… 27
すてきなフルーツブレスレット（4～5歳児）
……………………………………………… 28
赤ずきんちゃんおにごっこ（3～5歳児）… 29
あっというまにかけちゃった（4～5歳児）… 30
〈絵かき歌で遊ぼう〉

●屋外のあそび ……………………… 32
風の子ヒュー（0～3歳児） ……………… 32
シロ・クロさせてうらがえしっこ大会
（3～5歳児） ……………………………… 33
かみなりおに（3～5歳児） ……………… 34
はしってどん！ジャンケンポン！（4～5歳児）‥ 35

●作って遊ぶ ………………………… 36
グルグルカタツムリ（1～2歳児） ……… 36
よく回る紙皿こま（2～5歳児） ………… 37
カラフルミノムシ（1～2歳児） ………… 38
つくってとばそう（折れるのは4～5歳児） 38
クルクル紙コプター（4～5歳児） ……… 40
パッチンカメラでハイ・ポーズ（折れるのは5歳児）
……………………………………………… 41

●アイデアあそび …………………… 42
ピコピコテレパシー〈絵カード〉（4～5歳児）‥42
大きくなあれ！小さくなあれ！〈へんしんカード〉
（1～5歳児） ……………………………… 44
たくさん遊びましょう〈ハンドパネルシアター〉
（2～5歳児） ……………………………… 45
アイデアあそびの参考イラスト ………… 46

●絵本の楽しみ方 …………………… 48
●紙芝居の楽しみ方 ………………… 50

Ⅱ●記録をつけましょう （保育記録的なもの）
- ●実習記録の書き方 …………………… 52

実習記録の例
- ①保育園（0歳児）……………………… 53
- ②保育園（1歳児）……………………… 55
- ③保育園（2歳児）……………………… 57
- ④保育園（3歳児）……………………… 60
- ⑤保育園（4歳児）……………………… 63
- ⑥保育園（5歳児）……………………… 66
- ⑦幼稚園（3歳児）……………………… 70
- ⑧幼稚園（4歳児）……………………… 72
- ⑨幼稚園（5歳児）……………………… 75
- ⑩施設（児童発達支援センター）……… 78
- ⑪施設（児童養護施設）………………… 80

Ⅲ●指導案を立てましょう （日案的なもの）
- ●指導案の考え方 ……………………… 83
- ●指導案の立て方 ……………………… 84

部分実習指導案の例
- ①保育園（1歳児）……………………… 86
- ②保育園（3歳児）……………………… 87
- ③幼稚園（3歳児）……………………… 88
- ④幼稚園（5歳児）……………………… 89
- ⑤施設（児童発達支援センター）……… 90

責任実習指導案の例
- 保育園（3歳児・指導案）……………… 91
- 保育園（3歳児・上記①での保育をした後の記録）‥94
- 保育園（4歳児・指導案）……………… 98
- 保育園（4歳児・上記②での保育をした後の記録）‥100
- ③保育園（5歳児）……………………… 103
- ④幼稚園（3歳児）……………………… 106
- ⑤幼稚園（4歳児）……………………… 108
- ⑥幼稚園（5歳児）……………………… 111

付　録
- **資料①**児童福祉法と社会福祉施設について・114
- **資料②**施設での実習を経験した先輩からのメッセージ・116
- **シミュレーション**
  - ①保育者の立場にたってみよう………120
    実習生を受け入れる側になったときに…
  - ②先輩保育者として実習生を受け入れるための
    ❿ポイント ……………………………121
- **実習前のチェック**
  - 持ち物チェックリスト ………………122
  - チェック事項❿ ………………………123
- **実習中のチェック**
  - チェック事項❿ ………………………124
- **実習後のチェック**
  - お世話になった園に感謝の気持ちを込めて
    実習礼状………………………………125
  - 実習を振り返って…今後のための自己反省
    チェックリスト ………………………126

扉イラスト／わらべきみか・本文イラスト／菊地清美・楽譜浄書／福田楽譜・編集協力／永井一嘉、永井裕美・企画編集／安藤憲志、佐藤恭子

序 ● 知っておきましょう

実習の意味は？

実習は課題探し

　実習の意義や意味は、各養成校で学ばれた、あるいは学ぼうとしているところでしょう。どこの養成校でも、どの実習に関する教科書でも、最初に学ぶ基礎・基本です。それを思い起こしていただきながら、本書では「実習は自分自身の課題探し」という観点からまとめてみました。

1.養成校での学習を現場で実体験しながら学ぶ

　養成校で学んでいることは、どの教科の内容も大切です。ただ理論ですから、そのまま保育ができるわけではありません。その中でも実践的だと思われる、製作の指導や紙芝居を演じることで考えてみましょう。同じ養成校で学んでいる「造形表現」や「保育技術」は、「心理学」や「教育原理」などと比べると、確かに実践的です。ところがそれさえも保育の中で生かそうとすると、考えた通りにいかないことがたくさん出てきます。

- 4歳児だから、のりの接着はみんな、できると思っていたら、のりの量が多すぎたり少なすぎたりする子どもがいた。

- のりをつける位置を説明したのだが、「どうするの？」「わからない」と言う子どもが続出した。

- 手についたのりをふくためのぬれタオルを用意したのに、使わないで、製作物がベトベトになってしまっている子どもが3分の1近くもいた。

- 指示通りにできる子どもとできない子どもの差があり、予定した時間の倍もかかってしまった。

- 作って遊ぼうがテーマだったのに、最後は時間がとれずに中途半端で終わってしまった。

- 紙芝居を演じている途中で「先生おしっこ！」と言う子どもが出て、つられて2～3人の子どもも「おしっこ！」と立ち上がってしまい、どうしたらいいのかわからず立ち往生してしまった。

- 担任の先生の助けで何とか再開したが、気持ちがパニック状態で、何をやったのかわからないまま終わった。

- 指導案も書いたし、練習もしたつもりだったが大失敗だった。

　これが実習です。学習したことを実践してみると、さまざまなことに出会います。予想通りということもありますが、たいていは予想外のできごと。両方とも実際に体験して学べます。
　「失敗」は「課題」と考えてください。多く失敗したということは、課題がたくさん見つかったということです。気がつけば今までの学習ですぐに修正できる課題もあります。また、指導してもらっている先生の助言で解決する課題もあります。中には、養成校に戻ってじっくり学ばなければいけない課題も出てきます。
　理論的な学習と保育の実際は別なものではありません。一体のものです。それが現場で実体験することでよくわかります。

2.幼稚園・保育所（園）・施設の機能・役割・子どもや職員のようすなどを実際に見たり、報告会などで聞いたりして幅広く学ぶ

　実習の日数は限られています。ですから、よほど自分なりの目標をしっかりもっていないと、学びの少ない、成果の多くない実習で終わってしまいます。ときどき『先生がたが親切で、子どももかわいくてすごく楽しかった』といった感想を耳にすることがあります。先生がたが親切だった。子どもがかわいく感じられた。実習が楽しめた。どれも悪くはありませんが"それだけなのかな…"と、つい思ってしまいます。自分の課題を意識していると、『あの経験がもう一度したかった』、『こんなことを先生に聞いてみたかった』、『砂場のあそびをもう少し観察したかった』あるいは、『担当の先生に、朝の子どもの受け入れのポイントを聞いて参考になった』、『総合遊具で遊んでいる子どもを観察していて、その長所と短所を記録の中に感じたまま書いたら、園長先生に褒めていただいた』といった感想も入ってくることでしょう。
　また、実習をいくつもの園でできるわけではありません。たいていは、幼稚園・保育所・施設をそれぞれ1か所、多くても2か所くらいのものです。どの園で、どんな経験をさせてもらっても貴重な体験ですが、それがすべてではないことも知ってほしいものです。同じ幼稚園でも、保育所（園）でも、施設でも、園によって規模も違えば、環境も違います。もちろん保育の目標や保育の内容も違います。もっといえば、同じ園の中でも保育者の考え方によって、保育の仕方が違います。
　ですから、自分の実体験だけでなく、友達の実体験もいろいろな角度からたくさん聞いてみることです。友達の実習記録を見せてもらったり、報告会だけでなく自由な時間にさまざまな体験をお互いに語り合ったりしましょう。このことが幅広く学ぶことになりますし、次回の実習への課題になったりもします。

3.養成校で教わることのできないことも含めて総合的に学ぶ

　実習ではすべてが勉強です。何でもやらせてもらう、何でも吸収させてもらうという積極的な姿勢が大切です。
　"あいさつ"の大切さを実感した実習生がいます。それは、子どもたちが実にていねいに、はっきりとした声で自分にあいさつをしてくれて、初日はそれだけで胸がいっぱいになった。しぜんと自分も気持ちのよいあいさつを心がけるように

なった。何か自分が子どものおかげで明るくすなおな気持ちになれたような気がする。と語ってくれました。子どもからたくさんのことが学べます。

"ある先生のおかげでお掃除名人になれた"実習生もいます。各年齢を順に経験させてもらっている中に、ある先生のクラスに入らせてもらった。先生が「よかったら、私といっしょにお掃除をしてみますか」といわれたので、お願いしたところ、用具入れの中の工夫やほうきやぞうきんの使い方、部屋の掃除の仕方、靴箱や窓、トイレ…と1時間以上かけてていねいに教えてくださった。先生のお話によると、自分も実習生のときに、同じように教えてもらったことがあるので、それを伝えてくれているとのことです。保育者の人間性も含めて学ぶことができます。

"体力がなくては保育者はやっていけない"と感じる実習生も多くいます。2週間の実習で、アップ・アップ。しかしそれを経験すると、規則正しい生活やバランスのとれた食事、運動を心がけて次回に備えることができます。

"実習記録に苦戦した"実習生もいます。毎日の記録に4時間もかかってしまった人、実習中にメモを取れなくて、慣れるまでに時間のかかった人、園の様式で記入するのに面食らった人、学校で教わったように記入してもうまくいかなかった人など、その中でも担当の先生がていねいに見て、適切なアドバイスをしてくださり、うれしく感じたり、書いていただいたコメントが、心の支えになったりします。

"あんなお母さんになりたいな"と思った実習生もいます。朝やお迎えのあいさつをていねいにしてくださるし、子どもへの会話もやさしく、心が込もっている。あのお母さんだから子どもも明るく子どもらしい子どもに育っているんだななど、保護者のかたからも学べます。

プラス面、マイナス面どちらも大切です。どちらの体験も、あなたをひとまわりもふたまわりも大きくしてくれるでしょう。

実習の大きな流れ

養成校、園によってさまざまです。あくまで、目安として見てください(122ページ～のチェックリストも参照してください)。

実習前 学校内のガイダンス
↓ 意味・目的・課題の確認を!
実習先でのオリエンテーション
↓ その園での保育目標や決まりも、よく把握!

実習中 観察(見学)実習
↓ 先輩保育者の保育を見て学ぶ。
(1日の流れ、子どものようす、保育者の援助など)

←約2～4週間→

部分実習
↓ 1日のうちのある部分を実際に保育。
責任実習
↓ 1日(もしくは半日)まるごと保育を担当する。

実習後 実習園での反省・お礼
↓ 園での反省会がある場合もある。
学校に戻ってからの報告・お礼(状)
学校によって違うが、個人的にも必要!

オリエンテーションなどで 特に気をつけたいこと

- 実習先に初めてうかがうのだから、このときが肝心。あいさつ・言葉づかい・服装には、社会人としての自覚をもって。
- 園によって実習生への対応はさまざま。その園での決まりをよく聞いておくこと。保育中の服装や持ち物、記録の出し方など。
- 担当する子どもたちのことをよく聞いておくこと。年齢はもちろん、今どんなことをしていて、どんな状況かなどを、担任の保育者とよく話し合っておく(担任の保育者とお話ができないこともあるので、もし可能なら、いちど見学させてもらうとよい)。
- 確認したいことをあらかじめメモしておいてオリエンテーションにのぞむ。また指導を受けたことは、どんなに小さなことでもメモを取って準備に生かす。

実習の目標は？

目標をしっかりもつ

物事なんでもそうですが、目標をしっかりもってそれを意識して過ごしている人と、そうでない人の差は大きいものがあります。実習も例外ではありません。ひとりで目標を立てるのも悪くはありませんが、友達とさまざまな資料を持ち寄って、話し合いながらそれぞれの目標を立ててもよいでしょう。それを実習中も毎日、目にできる所に記しておきます。

目標をもっているということは、課題を抱えているということ、目的意識をもっているということです。これはあなたの実習に必ずプラスに作用します。

●目標の立て方

①実習園や実習の段階に合わせて、目標になりそうなことをランダムにあげてみましょう。自分は実習に対してどんな考えをもっているのかがわかります。
- 明るく笑顔で過ごそう
- 欠席や遅刻をしないようにしよう
- 子どもたちとたくさん遊ぼう
- どんな仕事もすすんでやるようにしよう
- あいさつや返事をしっかりしよう
- 保育の1日の流れを知ろう
- 保育者の動きやことばがけを学ぼう
- 保育技術をすすんで実践してみよう
- 0歳児から5歳児までの発達のようすを確かめよう
- 同年齢の子どもの個人差を観察しよう
- 園の動植物、遊具などにも関心をもとう

②①であがったことを、基本的な態度・望ましい姿勢・保育の内容に関するものなどに、分類します。どのような実習がしたいのかがはっきりします。
- **基本的な態度**…あいさつや返事をしっかりしよう、欠席や遅刻をしないようにしよう、明るく笑顔で過ごそうなど
- **望ましい姿勢**…保育技術をすすんで実践してみよう、どんな仕事もすすんでやるようにしよう、質問を積極的にしようなど
- **保育の内容**…保育の1日の流れを知ろう、保育者の動きやことばがけを学ぼう、0歳児の発達階段を確かめようなど

③5項目くらいにまとめてみます。目標とその応対が考えられます。

〈保育園前期10日間の観察・部分実習の例〉
- 言葉づかいに気をつけ、常に明るく笑顔で、子どもたちと接する。
- 失敗を恐れずに何事も積極的に取り組む。
- 乳幼児の発達段階を学び、保育士の仕事や役割を理解する。
- 各年齢での1日の流れを知り、たくさんの子どもとふれ合う。
- 広い視野で保育園全体の機能や役割を知る。

●生かし方

①実習1週間前くらいまでにまとめて、毎日目にする所に記しておきましょう。心構えもできますし、準備もしやすくなります。

②実習期間中も毎日目にして実習にのぞむようにして、1日の終わりにはこの項目で軽く反省してみます。この反省は明日の実習に役立ちます。

③実習が終わったら、それぞれの目標でよかった点、不足だった点を記しておきます。それを参考にして、次回の実習の目標を立てるようにしましょう。

長期間の実習の場合には、前期と後期、あるいは1週目、2週目、3週目などと分けて目標を立ててもよいでしょう。目標の数も含めて、自分に最も合ったものを立ててください。

0～5歳児の発達とあそび

子どもの姿	運動面での発達
ねんね～首据わりのころ （0～4か月くらい）	・首が据わる。
おすわり～つかまりだちのころ （5～10か月くらい）	・ひとりで座る。 ・ハイハイして物をつかむ。 ・つかまって立ち上がる。
よちよち歩きのころ （1歳前後くらい）	・靴を履いて歩く。 ・積み木を2個重ねる。
しっかり歩けるころ （1歳後期くらい）	・走る。 ・ボールを前にける。
走ったり跳んだりのころ （2歳前期くらい）	・両足でピョンピョン跳ぶ。 ・鉄棒などに両手でぶら下がる。
走ったり跳んだりのころ （2歳後期くらい）	・足を交互に出して階段を上がる。 ・靴をひとりで履く。 ・リズムに合わせて走る。
幅跳びができるころ （3歳くらい）	・三輪車に乗る。 ・ハサミを使って紙を切る。
片足跳びのころ （4歳くらい）	・20～40cmの高さの所から飛び降りる。 ・片足ケンケンができる。 ・スキップをする。 ・なわとびを跳ぶ。
ダイナミックな動きと 細やかな作業のころ （5歳くらい）	・自転車に乗る（補助つき・補助なし）。 ・物を持って動いたり投げたりけったり、自分の意志でできる。

精神面での発達	あ そ び
・あやされると笑う。 ・保育者に向かって声を出す。	・ガラガラを振る。 ・オルゴールメリー。 ・腹ばいで手足を動かす。
・身振りをまねする。 ・人見知りをする。 ・保育者の後追いをする。	・ボールなどをハイハイで追いかける。 ・いないいないばあ。 ・ティッシュペーパーなどを引っ張ったり破いたりして遊ぶ。
・スプーンで食べようとする。 ・ことばを一・二語まねる。	・手押し車で遊ぶ。 ・ボールを軽く投げたり、追いかけたりして遊ぶ。
・友達と手をつなぐ。 ・絵本を見て物の名前を言い初める。	・容器に詰めて遊ぶ。 ・ひとりでぐるぐる回る。 ・砂山を崩す。
・二語文を話す。 ・簡単なごっこあそびができる。 ・体の名称や色に興味をもつ。	・粘土や泥、紙などを丸める。 ・スプーンですくって遊ぶ。 ・目、耳などを触って遊ぶ。
・ままごとあそびで何かの役になることができる。 ・自分の名前を言う。	・クレヨンでぬる。 ・木の実を並べたりする。
・友達と順番に物を使う。 ・子ども同士で会話ができる。 ・衣服の着脱をしようとする。	・簡単なルールのあるゲーム(鬼ごっこなど)。 ・絵本や紙芝居を楽しむ。
・ジャンケンで勝負をする。 ・身の回りの生活への関心が広がる(数の概念など)。 ・製作など自分の作りたいイメージをもつ。	・変身ごっこあそび。 ・何人かで協力して積み木や砂山で遊ぶ。 ・固定遊具で自由に遊ぶ。
・左右がわかる。 ・行事や係の仕事に連帯感や責任感をもって取り組む。	・あやとりや折り紙などを友達といっしょに楽しむ。 ・おおがかりなゲームやさまざまな動きを伴うあそび。

0・1・2歳児の発達にそったあそびの一覧

手足を動かすころ （〜3か月くらい） 	○オムツ替えのたび、「のびのび」と言いながら足を軽くさする ○あやして遊ぶ ・名前を呼ぶ ・ほっぺをくっつける ・手をにぎる	○オルゴールメリー ○ガラガラを振る ○子もり歌をうたう ○そっと抱いて遊ぶ ○静かに揺すられて遊ぶ ○外気浴をして遊ぶ（窓をあける）
首が据わるころ （4〜5か月くらい） 	○1対1の時間を多くもち、抱いたり揺すったりして遊ぶ ○美しい色の物や気持ちのよい音にふれさせるあそび ○室内装飾に工夫して、目を楽しませるあそび ○手足を動かして、腹ばいで活動するあそび ○腹ばいで頭をもたげたり、体をず	らしたり、回転したりするあそび ○寝返りをするあそび ○支えられて、しばらく座るあそび ○寝転んだり、腹ばいで玩具を取ろうとするあそび ○ガラガラ、おしゃぶりなどを持って遊ぶ ○あやされて遊ぶ
おすわりのころ （5〜6か月くらい） 	○ひとりあそび ○おなかを軸に、ぐるぐる回るあそび ○座って遊ぶ（手を伸ばして玩具を取る） ○座った位置から腹ばいになり、はいはいの準備運動のためのあそび（腹ばいでつま先に力を入れてふんばる。腹ばいで後ずさりする）	○小さな物をひとさし指でつまみ上げる ○ひざに乗せて揺する ○空き箱に入れて左右に動かし、シーソーあそび ○ちょちちょちあわわ ○ひざの上でぴょんぴょん跳ぶ
はいはいのころ （7〜8か月くらい） 	○両手をたたく ○茶わんをたたく ○はいはいして小さな物をつまみ上げる ○はいはいの目標になる大きなボール、ひものついたおもちゃで遊ぶ ○音の出るおもちゃで遊ぶ	○物を落として遊ぶ ○にぎにぎ、おつむてんてん、いないいないばあ ○ぬいぐるみで遊ぶ ○紙を引っ張ったり、破いたりして遊ぶ ○大人の生活用品の軽い物で遊ぶ
つかまり立ちのころ （1歳前後くらい） 	○自分で喜びながら、物を投げる（ボールなど） ○投げた物を拾い上げて、また投げる ○高い所へ手を伸ばす ○テーブルの上におもちゃを置いて、ぐるりと回って手にするあそび ○「おふねはぎっちらこ」と、保育者と両手をつなぎ合って遊ぶ	○あおむけに寝た保育者が上げた足に、おなかをつけて「たかいたかい」をする ○はいはいしながら階段を登り、そのままバックで降りる ○だっこで「たかいたかい」 ○ベッドの周りをつたい歩きして遊ぶ ○つまんで遊ぶ ○追いかけて遊ぶ（はって）
よちよち歩きのころ （1歳前期くらい） 	○ボールを軽く投げたり、偶然のようにけったりする ○転がして追いかけていく ○だっこで「たかいたかい」 ○手を支えて歩く ○「ここまでおいで」「あんよはじょうず」と励ます ○「やきイモごろごろ」	○手押し車で楽しむ ○重い物を持って喜ぶ ○引き出しのついた箱で遊ぶ ○生活用品で遊ぶ ○積み木や缶などで遊ぶ ○水たまりで遊ぶ（机や板などに水をこぼし、水たまりをなでさせる）

0・1・2歳については、より詳しく見ておきましょう。

しっかり歩けるころ（1歳後期くらい）	○じゃれて遊ぶ ・取っ組み合い ・みんなでくっついて遊ぶ ○転がって遊ぶ ・ボールになって転がる ・マットや床の上を転がる ・上を向いて自転車こぎをする ○振って遊ぶ ・ガラガラを振って音あそび ・つり下げたものを振る ・首、手、足を振る ○触って遊ぶ ・耳、耳～あご、と手で触る ・うたいながら触っていく ○詰めて遊ぶ ・箱に詰める ・びん（広口びん）やプラスチックの空き容器、紙コップに詰める	○おぶって遊ぶ ・ひもでぬいぐるみや座布団を丸めておぶう ○回って遊ぶ ・ひとりでぐるぐる回る ・円周を回る ・手をつないで回る ・木の周りを回る ○崩して遊ぶ ・砂山や積み木、段ボール箱を崩す ○掘って遊ぶ ・スコップで固い地面を掘る ・どろんこをすくう ・スプーンで掘る ・はしや棒きれ、枝で掘る ○破って遊ぶ ・紙を破る ・ぶら下げた新聞紙を破る	○引き出して遊ぶ ・びんの中にひもを詰めたり引いたりする ・小さな箱（マッチ箱）の引き出しを、あけたり閉めたりする ○けって遊ぶ ・ボールや缶をける ・大きな布団を丸めてキックする ・スポンジをける ○揺らして遊ぶ ・エプロンのひもをふたりで持って揺らす ・紙テープや木の葉、ブランコを揺らす ○変装して遊ぶ ・パーマ屋（床屋）さんごっこ ・トイレットペーパーを体に巻く ・新聞紙の洋服を着る ・折り紙の帽子をかぶる
走ったり跳んだりするころⅠ（2歳前期くらい）	○かぶって遊ぶ ・毛布やシーツ、スモック、ハンカチ、かごをかぶる ○大きな声で遊ぶ ・「ヤッホー」（山や大木に向かって） ・「オーイ」（友達・飛行機やヘリコプターに向かって） ○引っ張って遊ぶ ・綱引き ・輪ゴムや重い物を引っ張る ・車に積んで引っ張る ○すくって遊ぶ ・スプーンで茶わんから水をすくう ・はしですくい上げる ・粒をすくう ○はいたり脱いだりして遊ぶ ・ハイヒールを足に引っ掛ける ・長靴を片方に履く	・ティッシュペーパーの箱やボウル（台所用品）を履く ○並べて遊ぶ ・小さな布団、イス、はし、木の実、ミカンの並べっこ ○跳んで遊ぶ ・小さな布団をピョンと跳ぶ ・紙テープを跳ぶ ・ひもを跳ぶ ・少し高い所から跳ぶ ○水に浮かべて遊ぶ ・ボールや野菜、葉っぱを浮かべる ・沈む物を入れてみる ○丸めて遊ぶ ・お団子作り（粘土、土） ・紙を丸めて望遠鏡にする ・エプロンを丸めてボールにする ・紙を丸めてボールにする	○ぬらして遊ぶ ・ホースやじょうろで水かけをする ・紙や布切れをぬらしてペタペタはる ○入って遊ぶ ・段ボール箱に入って遊ぶ ○投げて遊ぶ ・ボールやお手玉を投げる ・ボールを投げて箱の中に入れる ○まいて遊ぶ ・木の実やボール、お手玉、豆などをまいて拾って遊ぶ ○はめて遊ぶ ・指輪、腕輪をはめる ・輪を回す ○はさんで遊ぶ ・洗濯ばさみでボール紙をはさむ ・ハンカチや靴下をひもにかけてつるし、洗濯ばさみではさむ
走ったり跳んだりするころⅡ（2歳後期くらい） 	○追いかけて遊ぶ ・風船にひもをつけて追いかけっこをする ・オオカミになって追いかける ○吹いて遊ぶ ・ストローで水を吹く ・紙の上に軽い物を置いて吹く ・口笛のまねをする ・砂や紙を吹く ○登って遊ぶ ・跳び箱に登る ・布団にまたがってウマごっこ ・山で遊ぶ（マット） ・段ボール箱に登る ・固定遊具に登る（ジャングルジムなど） ○つまんで遊ぶ ・水に浮かべたものをはしでつまむ ・砂を片手でつまんで少しずつ落とす ・まめ拾い ・はしでままごとをする ・虫を手でつまむ ○飼って遊ぶ ・金魚やカメ、ウサギを飼う ○捕まえて遊ぶ ・テントウムシを捕まえる ・バッタやカエルを追う ○かいて遊ぶ ・クレヨンでぬたくり ・クレヨンで石をぬる ・絵の具で点をうって遊ぶ	・絵の具で線をかいて遊ぶ ・砂に指や木片、棒でかく ・水で園庭にかく ・木の葉に油性フェルトペンでかく ○折って遊ぶ ・折り紙 ・ハンカチを折る ・固い紙を折る ・葉や枝を折る ○聞いたり見たりして遊ぶ ・絵本や紙芝居を見る ・筒から景色を見る ・足の間から見る ○こもって遊ぶ ・コーナーあそび ・机の下で遊ぶ ・押し入れのかげで遊ぶ ・箱の中で遊ぶ ○飛ばして遊ぶ ・たこあげ ・紙ひこうきを飛ばす ・シャボン玉 ○走って遊ぶ ・リズムに合わせて走る ・ボールを持ってかけっこする ・目標物を回って走る ・四角に走る ・丸く走る ○乗って遊ぶ ・うたいながらブランコに乗る ・三輪車に乗る	・保育者のお馬さん、ひざ、つま先に乗る ・シーソーに乗る ○つぶして遊ぶ ・木の実やごはんをつぶす ・しぼんだ花をつぶす ・卵の殻をつぶす ○つなげて遊ぶ ・葉っぱをセロハンテープでつなぐ ・大きな段ボール箱をつなげて電車ごっこをする ○のせて遊ぶ ・しゃもじに物をのせて歩く ・頭の上に絵本をのせて歩く ・頭にお手玉をのせてすべり台で遊ぶ ・かごを頭にのせる ・小さな座布団を頭にのせて歩く ○しぼって遊ぶ ・せんたくごっこ ・スポンジや紙、ハンカチを片手でしぼる ○めくって遊ぶ ・本の間にはさんだものを探す ・目標の絵を探す ○ジャンプして遊ぶ ・ガラガラやボール、ハンカチ、風船をぶら下げてジャンプ ○積んで遊ぶ ・積み木やブロック、小さな箱を高く積む ・運送屋さんごっこ

Ⅰ●子どもと遊びましょう

きっかけづくりのあそび

低年齢児たちときっかけをつくるには、あそびの中で"この人なら安心"と思ってもらうこと。3歳以上の子どもたちでも、基本的には同じです。ちょっとした工夫とやさしい語りかけで、子どもたちと仲よしになれます。

アドバイス【1】
大がかりなものではなく、身近なものでトライしてください。子どもたちもやってみたくなる、まねして遊べるものがよいでしょう。

アドバイス【2】
とっておきの笑顔でやさしく語りかけます。「○○先生はね…」と、自分をアピールすることも忘れないでください。

アドバイス【3】
一方的にやってしまうのではなく、子どもたちの反応もきちんと受け止めて進めましょう。

きっかけづくりのあそび　0～2歳児

わたしはだあれ？

★実習エプロンなどにいろいろ仕掛けをしてみましょう。
★低年齢児には、びっくりさせないように少しずつ自分のことを知ってもらうためのあそびの工夫をしてみましょう。そういう意味での『わたしはだあれ？』にしてみました。

0～1歳児
ポケットに小さなガラガラや人形を入れておきます。子どもの隣に座ったとき、ガラガラを鳴らしたり人形を取り出したりして、興味をひいてみましょう。

1～2歳児
しっぽをつけ、チラッと子どもに見せながら歩いてみましょう。フェルトで作ったぬいぐるみのしっぽを実際にズボンに縫いつけると、より本物らしいかも？
※担任の保育者には、事前に相談をして了承を得ておきましょう。実習への真摯な取り組みと意欲を評価されるかもしれません。

ボタンでとめる
ぬいぐるみ
ファスナー
こんなエプロンもおもしろい？

きっかけづくりのあそび
3〜4歳児

バナナ大好き・いただきます

I●子どもと遊びましょう

★「先生、もう一度やって！」こんな声が聞こえたら大成功。お話をしながらのハンカチあそびは人気があります。子どもたちとすぐに仲よしになれます。

準備するもの
黄色のハンカチ（なければ何色でもよい）

遊び方

①ハンカチを取り出して、広げながら。
「南の国のお話です。青い海にポッカリ浮かぶハンカチーフ島がありました。」

②ハンカチの中央をつまんで。
「ハンカチーフ島の真ん中には、高いお山もありました。」

③つまんだ下の部分をしごいて細くしながら。
「お山のふもとには、スーッと高い木が立っていましたよ。」

④ハンカチの四隅を折り上げながら。
「そして、高い木には大きな葉っぱが一枚、二枚、三枚、四枚。」

⑤サルの動作をひょうきんにしながら。
「そこへキャッキャッキャッとおサルさんがやってきて、"うわあ、おいしそうなバナナ。ぼく大好き！"と言うと…。」

⑥バナナの皮（ハンカチの四隅）をむいて、食べる動作をしながら。
「おサルさんはバナナの皮をむいて"いただきまあす"とあいさつをすると、モグモグ、ムシャムシャ、モグモグ、ムシャムシャ。全部食べたんだって。」

⑦ハンカチの隅を片手で持って。
「おサルさんは"ごちそうさま！バイバーイ"ってお山に帰って行きました。」

⑧ハンカチをたたみながら。
「ハンカチーフ島には、まだまだたくさんの高い木がありますよ。またね。おしまい。」

※子どもたちの反応を受けながら進めます。最後は「まだまだたくさんの…」ということばで、次回への期待をもたせながら終わります。

※やってみたいと言う子どもがいたら、いっしょに遊んでみましょう。サルだけでなく、ゴリラやゾウがやってきても楽しいでしょう。

- 「ドンドコドンドコ、ゴリラがやってきて」
- 「パオーン、ゾウさんがやってきて」

先輩からのひとこと 学校で作り実演したパネルシアターを実習で活用。子どもや先生がたにも好評（要打ち合わせ、許可）。

きっかけづくりのあそび
3～5歳児

おもしろ自己紹介
新聞紙の手品で印象的に

★子どもたちは楽しいことをしてくれる実習生が大好きです。自己紹介を、ちょっとしたパフォーマンスで印象的に行なってみましょう。

準備するもの
新聞紙を横長にし、半分に切って細長くしたもの。
①1枚分を半分に折る。
②ハサミで半分に切る。
③この細長い新聞紙を使う。

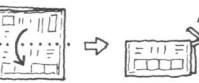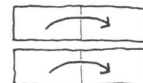

遊び方

①「先生の名前は○○○○といいます。手品がとっても得意なんです。今、ひとつやってもいいですか？」と、子どもたちに問いかけ、反応を見ます。「よかった。みんながいいよって言ってくれて。」

②細長く切った新聞紙を取り出します。
「たねもしかけもありません。この長い新聞紙を半分に折って、もう一度半分に折ります。そしてもう一度半分に折って最後にもう一度折ると、こんなに細くなりました。」と、子どもたちに確認を取りながら進めます。

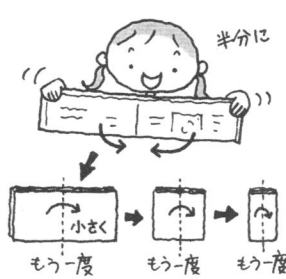

③「今度は手でちぎります。」よいしょ、よいしょとかけ声をかけながら、図のように手でちぎります。

④ちぎったものを手のひらに乗せ、「ちちーんぷいぷいのぷい！」と呪文を唱えます。

⑤「さあ、何ができるのかな？ みんなでジャジャジャーン！ とかけ声をかけてください。さん、はい！」
子どもたち「ジャジャジャーン」

新聞紙を広げます。
「なかよし人形の出来上がりです。○○組さんと仲よく遊びたいと思います。○○先生をよろしくね。」
※表情豊かに楽しい会話で進行しましょう。
※何度か練習をしておきます。呪文は子どもたちもいっしょに唱えると、期待感が増します。
※同様に、下のようなあそびも楽しい会話でやってみましょう。

不思議な木
※上の細長く切った新聞紙を2枚使います。

①1枚をクルクル巻きます。

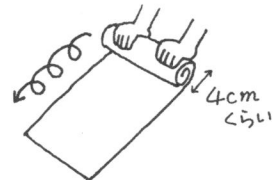

②2枚目も図のようにつなげて巻きます。

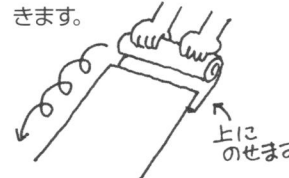

③図のようにハサミで4か所に切り込みを入れます。

④呪文を唱えます。「ちちーんぷいぷいのぷい」

⑤中心の1枚をつまんで、ゆっくり引き出します。

⑥不思議な木の出来上がり！「ジャジャジャーン」

Ⅰ●子どもと遊びましょう

手あそび 歌あそび

手あそびや歌あそびにも願いがあります。「リズミカルに楽しく表現してほしいな」「遊びながらイメージを豊かにしてほしいな」「創意・工夫しながら遊んでほしいな」、こんな願いをもって楽しむと、子どもたちへのことばがけや反応に対する受け止め方が変わってきます。

アドバイス【1】
実習前に友達といっしょに、手あそびの練習をしてみましょう。自信をもって子どもたちの前に立つことができます。

アドバイス【2】
手あそびや歌あそびは、口から口へと伝わります。同じあそびでも、園によってメロディや遊び方が違ったりします。園の遊び方に合わせて遊びましょう。

アドバイス【3】
子どもたちにとって新しいと思われるあそびは、何回か繰り返して遊びましょう。伝え方も、子どもたちにとってわかりやすい言い方にするなど、工夫が必要です。

手あそび 歌あそび　0～2歳児

でんでんむしむし

『いとまき』(作詞：不詳／外国曲)のメロディーで

★聞き覚えのある「いとまき」のメロディです。0～1歳児は大人と向かい合って座り、2歳児はひとりでできる簡単な手あそびです。

① でんでんむしむし　でんでんむしむし
　かいぐりをします。

② つのだして　チョンチョンチョン
　両手ひとさし指を頭の上につけ、上下させます。

③ ①②を繰り返します。

④ みーつけた　みつけた
　手拍子をします。

⑤ かわいい○○ちゃんのおかお（おへそ）
　体の部位をやさしくなでます。

先輩からのひとこと　部分実習・手あそびや歌も、早めに担任の先生に相談！「○○をやりたいです！」と。

手あそび 歌あそび
0〜2歳児

おいしいおイモパクッ

『チューリップ』(作詞：1番、近藤宮子) のメロディーで

★だれもが知っているメロディーです。子どもたちもすぐ覚えられます。うたってあげるつもりで。

① **おイモ　おイモ　みんなのおイモ**
両手を合わせ、おイモの形をつくります。

② **うんとこしょ　うんとこしょ　おおきなおイモ**
おイモの形の子どもの手を、大人の手で包み込んで引っ張ります。

③ **みんなでたべよう　おいしいね（パクッ）**
両手を頭上から下にキラキラしながらおろした後、パクッと食べるまねをします。

手あそび 歌あそび
2〜5歳児

みんなのげんこつ山

げんこつやまのたぬきさん　　　　わらべうた

げんこつやまの　たぬきさん（ポン）　おっぱいのんで　ねんねして　だっこして　おんぶして　またあした

★タヌキだけではなく、子ブタ、ウサギ、キツネ、子ヤギ、子イヌ、子ネコ、チョウチョウなど、いろいろな動物や虫でも遊んでみましょう。園にいる動物や虫を入れてみると、親しみを感じてよりいっそう楽しくなるでしょう。

★「ポン」「ブー」「ピョン」などの合いの手を入れてみましょう。動作とともにタイミングよく入れると盛り上がります。

①げんこつやまの子ブタさん
左右のこぶしを上下交互に入れ替えます。

②ブー
ひとさし指で鼻を押さえます。

③おっぱいのんで
おっぱいを飲むしぐさをします。

④ねんねして
両手のひらを重ねて、寝るしぐさをします。

⑤だっこして
あかちゃんをだっこするしぐさをします。

⑥おんぶして
あかちゃんをおんぶするしぐさをします。

⑦またあし
かいぐりをします。

⑧た
ジャンケンをします。

※ジャンケンができない年齢の子どもは、するまねでよいでしょう。

バリエーション　※②の楽しいまねっこあそびの合いの手です。タヌキさんなら、おなかをたたくまねで「ポン」ですね！

●ウサギさん　ピョン
両手を頭上に伸ばし、耳のようにします。

●キツネさん　コン
片手でキツネの顔をつくります。

●チョウチョウさん　ヒラッ
両手を羽のように広げます。

先輩からのひとこと　最初は心を開いてくれなかった子どもが、最終日に「せんせい、バイバイ！」と言ってくれた。

ヘンシンむすんでひらいて

手あそび 歌あそび 2〜3歳児

むすんでひらいて

作詞：不詳／作曲：ルソー

む－すんで ひら－いて て－を－うって む－すんで
また ひらいて てを うって そのてを うえに

★いろいろなものにヘンシンして保育室の中を動き回り、楽しく遊びます。

①・④むすんで
両手を握ってこぶしをつくります。

②ひらいて・⑤またひらいて
両手のこぶしを開いてパーにします。

③てをうって
手拍手を4回します。

⑥てをうって その手を
手拍手を4回した後、次の動きに備えます。

●その手を○○○
○の歌詞の部分に、好きな物を入れヘンシンします。ヘンシンしたものによって、テンポを変えて動くと、もっと楽しくなります。

バリエーション

●おサルさん
片手を頭の上、もう一方の手を、あごの下に当てます。

●ゴリラさん
両手でげんこつをつくり、胸を交互にたたきます。

●チョウチョウさん
両手を左右にひろげて、ヒラヒラさせます。

●くるまに
両手で自動車のハンドルを回すしぐさをします。

●ひこうきに
両手を左右にまっすぐひろげます。

●ウルトラマン
右手を曲げて垂直に立て、左手を水平にし、クロスさせます。

●おばけに
両手首を胸の前でダラリと下げます。

手あそび 歌あそび
2〜5歳児

ごんべさんのあかちゃんとおともだち

I●子どもと遊びましょう

ごんべさんのあかちゃん

作詞：不詳／アメリカ民謡

ごんべさんの あ かちゃんが かぜひい た(クション!) ごんべさんの あ かちゃんが かぜひい た(クション!)

ごんべさんの あ かちゃんが かぜひい た(クション!) そこーで あわてて しっぷした

★かぜをひいてしまったごんべさんのあかちゃんとそのおともだち。みんなでやさしく湿布をしてあげましょう。

①・④・⑦ ごんべさんの
頭に手ぬぐいをかぶり、あごの下で結ぶまねをします。

②・⑤・⑧ あかちゃんが かぜひいた
あかちゃんを抱いてあやすようにする。

③・⑥・⑨ クシュン
大きなくしゃみをする。

⑩ そこであわてて
手拍子を4回します。

⑪ しっぷした
両手を胸の前でクロスさせます。

バリエーション ※ごんべさんのあかちゃんのお友達のパンダさんのあかちゃん、ゴリラさんのあかちゃんなどでも遊んでみましょう。

パンダさんの
両手を輪にして目の周りにつけます。

ゴリラさんの
両手でげんこつをつくり、胸を交互にたたきます。

先輩からのひとこと 歌の準備が不十分でした。できるだけたくさんうたえる曲、弾ける曲を用意しましょう。

わくわくおべんとうばこ

おべんとうばこ　　　　　　　　　わらべうた

★リズミカルにうたいながら、いろいろなお弁当を作りましょう。

★子どもたちの好きな食べ物を入れたり、お弁当の大きさを変えてみるなど変化をつけると楽しいです。

①これくらいの おべんとうばこに
両手ひとさし指で四角を2回、胸の前でかきます。

②おにぎりおにぎり
三角おにぎりを握るまねを4回します。

③ちょっとつめて
おにぎりをつまんで詰めるまねをします。

④きざみしょうがに
左手をまな板、右手を包丁にして、きざむまねをします。

⑤ごましおかけて
振りかけるまねをします。

⑥にんじん さん
左手2本指、右手3本指を歌詞に合わせて出します。

⑦ごぼう さん
左手5本指、右手3本指を歌詞に合わせて出します。

⑧あなのあいた れんこんさん
両手の親指とひとさし指で丸をつくり、目のあたりで左右に振ります。

⑨すじのとおった
左手を前に伸ばし、右手をすべらせるように手首から肩にもっていきます。

⑩ふーき
手のひらに息をフーッと吹きかけます。

バリエーション

◎**子どもの好きな食べ物で**
⑥から当てはめていきます。動作は考えてみましょう。
…いちごさん　たまごやきさん
ながーいながいスパゲティさん
ケチャップたっぷりハンバーグ

◎**大きさを変える**
- ぞうさんにあげる大きなお弁当
- ねずみさんにあげる小さなお弁当

I ● 子どもと遊びましょう

手あそび 歌あそび
3〜5歳児

とんがり山のてんぐさんにばあ！

とんがり山のてんぐさん　　　　　作詞：阿部 恵／作曲：家入 脩

★「とんがり山というお山に、鼻の高いてんぐさんが住んでいました。お山の上から"何かおもしろいことはないかなあ"と下を見渡していました。すると、大きな池からカッパの親子が"ばあ！"と顔を出したんだって」と、お話をしてから、手あそびをしてみましょう。

①**とんがりやまの**
両手の指先を合わせ山をつくり、軽く上下させます。

②**てんぐさんが**
両手でげんこつをつくり、鼻につけます。

③**うちわをもって**
右手であおぎます。

④**みわたせば**
右手を額にかざし、左から右へと見渡します。

⑤**スイースイー　スイースイー**
平泳ぎをして、自由に動きます。

⑥**カッパのおやこが**
右手で頭のおさらをなでるまねをします。

⑦**かおだした　ばあ**
いないいないばあをします。

※⑤の泳ぐところは、子どもたちと話し合って、クロール、バタフライ、背泳ぎ、イヌかきなど変化をつけて遊びましょう。

先輩からのひとこと　ヤッター　オリエンテーションでは、自分は何をしたいか申し出てみる。思い切って言ってよかった。

手あそび 歌あそび
3〜5歳児

いっぽんばし にほんばし なんになる?

いっぽんばしにほんばし　　　　作詞：湯浅　とんぼ／作曲：中川ひろたか

1. いっ ぽん ば し　いっ ぽん ば し　おやまに なっ ちゃっ た
2. に ほん ば し　に ほん ば し　めがねに なっ ちゃっ た
3. さん ぽん ば し　さん ぽん ば し　くらげに なっ ちゃっ た
4. よん ほん ば し　よん ほん ば し　おひげに なっ ちゃっ た
5. ご ほん ば し　ご ほん ば し　ことりに なっ ちゃっ た

★簡単でだれでも楽しめます。軽快にうたいましょう。

①いっぽんばしいっぽんばし
ひとさし指を立て、左、右の順に出します。

②おやまになっちゃった
おでこの前で山をつくります。

③にほんばしにほんばし
指を2本出し、左、右の順に出します。

④めがねになっちゃった
目の横につけ、めがねの形にします。

⑤さんぼんばしさんぼんばし
指を3本出し、左、右の順に出します。

⑥くらげになっちゃった
胸の前でたらし、左右に動かします。

⑦よんほんばしよんほんばし
指を4本出し、左、右の順に出します。

⑧おひげになっちゃった
ほおを軽くたたきます。

⑨ごほんばしごほんばし
指を5本出し、左、右の順に出します。

⑩ことりになっちゃった
トリの羽のように手を上下させます。

バリエーション　※⑩を変化させて遊びましょう。

ごほんばし……おすもうさん、おばけ、ほし、ひこうきなど

手あそび 歌あそび
3～5歳児

いっぴきの野ねずみがチュチュチュのチュ

I●子どもと遊びましょう

いっぴきの野ねずみ

作詞：鈴木一郎／外国曲

1. 1ぴきの のねずみが あなぐらの なかで 1.チュチュチュチュチュチュチュチュチュチュ おおさわぎ
5. 5ひきの　　　　　　　　　　　　　　　　　　5.（5回くり返す）

★チュチュチュ…と元気よく軽快にうたいながら遊びましょう。

①いっぴきの
両手を体の後ろにおき、右手ひとさし指を前に出します。

②のねずみが
①と同じように左手を出します。

③あなぐらのなかで
両手で輪をつくり、左右に揺らします。

④チュチュチュ～チュチュチュ
左右のひとさし指を交互に打ち合わせます。

⑤おおさわぎ
両手をひらひらさせて、体の後ろに隠します。

2番から5番
指を2本、3本と歌詞に合わせて増やし、③～⑤は同じ動作をします。

バリエーション

次の静的な活動につなげたいときには、「あれあれ、ねずみさんたち、あんまり騒ぎすぎて疲れちゃったんですって。眠り始めましたよ」と、小声で遊びます。
「チュチュチュ…おおさわぎ」の部分を、「スヤスヤスヤスヤ…いねむりしてる」と、おしまいを変えます。

※ねずみのところをカエルや子ネコ、子ブタなどに変え、鳴き声を変えてみましょう。

先輩からのひとこと　返事（ハイ）、復唱（言われたことを繰り返す）・事後報告（～しました）をきちんと！

Ⅰ● 子どもと遊びましょう

室内のあそび

実習生自らも楽しく遊んでみましょう。楽しいあそびはみんな大好きです。

アドバイス【1】
あそびの人数と空間、机などの配置をいつも意識しておきましょう。

アドバイス【2】
静的な活動と動的な活動。あそびにアクセントが必要です。全体の流れの中で考えてみましょう。

アドバイス【3】
用意するもの、環境の準備をしっかりします。チェックリストを作っておくとよいでしょう。

アドバイス【4】
危険があるものや事故の予想されるものは、ことばで注意を促すだけでなく、具体的にこうやったらけがをする、こうしたらガラスが割れて大けがをしてしまうなどと、実際に悪い例を示してあげると徹底します。

アドバイス【5】
かたづけや次の活動への準備なども頭に入れておきます。

室内のあそび　0～2歳児

ホースのフープ

★ホースはいろんな素材があり種類も豊富です。色もカラフルで太さもいろいろあります。そのホースを使ってフープを作ってみましょう。輪にして、カラークラフトテープを巻いて、とめればOK！

小さなフープ
輪投げ、ハンドルに見たてて自動車ごっこなど。

中くらいのフープ　くぐって遊ぶ、けんけんあそびなど。

大きいフープ
ままごとあそびのおうち、すもうごっこなど。

※このような活動をするときには、必ず事前に担任の保育者に相談し、今、はやっているクラスのあそびを考慮に入れて活動を組むとよいでしょう。

※部分実習で輪投げ、責任実習では、のりでペタペタ飾りつけてネックレスなど、考えてみましょう。

段ボールでアソボ

室内のあそび　0〜2歳児

I●子どもと遊びましょう

★段ボールは、年齢に関係なく楽しくいっしょに遊べる安全な遊具です。中に入って隠れたり、電車やトンネル、迷路など、段ボールならではの空間を作り出して楽しめます。

0〜1歳児

「くぐっていないいないばあ」「上に乗って電車ごっこ」「トンネルにしてハイハイで追いかけっこ」など。

1〜2歳児

「何人か入って電車ごっこ」「お風呂に見たててじゃぶじゃぶごっこ」「箱をひっくり返しておままごとのテーブル」「キャタピラで競争」など。

※段ボールに金具がついている場合、はずせるものははずしましょう。はずせないときは、手を切らないよう、保護のため、クラフトテープを上からはり、安全を確認しておきましょう。また、段ボールは取り合いになることも予想されるので、多めに準備しておくとよいでしょう。

先輩からのひとこと　高校時代の部活経験で、自信のあったバスケを見せる機会があり、子どもに拍手を浴びた。

室内のあそび
4〜5歳児

すてきなフルーツブレスレット

★フルーツのブレスレットを作り、フルーツバスケットで遊びます。自分が何のフルーツか覚えやすいので、あそびが盛り上がります。フルーツのブレスレットも大人気です。

準備するもの
イス（人数分）、フルーツブレスレット（人数分、遊ぶ人数により3〜5種類）

フルーツブレスレットの作り方

①折り紙を図のように折ります。

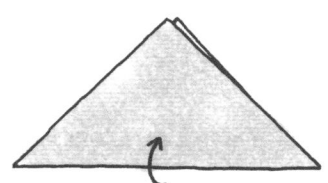

②1.5cmくらいの間隔で、4回折り上げます。

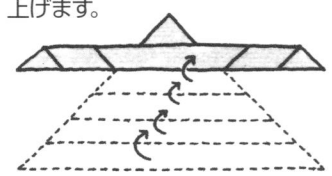

③上に飛び出した三角の部分を開いて、フルーツの絵をかきます。

④手首にセロハンテープでとめます。

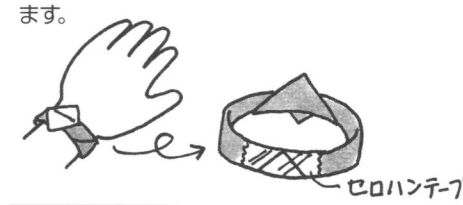

※折り紙：赤…リンゴ、薄むらさき…ブドウ、黄緑…メロン、オレンジ…ミカン、黄色…バナナなどと色を決めて作るとわかりやすいです。
※あそびに参加する人数によって、フルーツブレスレットの種類を決定します。2〜5人で1種類が目安です。

遊び方

①全員がブレスレットをつけます。イスを丸く並べ、鬼以外はイスに座ります。最初の鬼は保育者や実習生がやってみてもいいでしょう。

②鬼は「リンゴの人？」「ブドウの人？」「メロンの人？」などと確認をします。

③全員で「いち、にのさん」とかけ声をかけ、鬼はフルーツの名前を言います。鬼がリンゴと言ったら、リンゴの子どもは立ち上がり、ほかのイスに移ります。鬼も空いたイスに座ります。
④イスに座れなかった子どもが次の鬼です。

⑤鬼が「フルーツブレスレット」と言ったら、全員が立ち上がり、ほかのイスに移動します。その際、両隣のイスには移れないことを約束しておきます。

※遊ぶ人数により動き回るスペースが広くなります。人数が多いようならホールで遊びましょう（安全への配慮を忘れずに）。鬼も2〜3人増やすこともできます。

室内のあそび 3〜5歳児
赤ずきんちゃんおにごっこ

★「おばあちゃんのお口はどうしてそんなに大きいの?」「それは、お前たちを食べるためにさ!」おなじみのやりとりで、あそびが大いに盛り上がります。はじめのオオカミは、もちろん○○先生!

環境の準備
- ホールなど室内を広く使える場所、あそびに使わない物はかたづけておきます(机、イス、遊具など)。
- 床に物が落ちていないか確認しておきます(安全面)。
- 「あかずきん」の絵本を読んだ後にすると、イメージが広がりやすいでしょう。

遊び方
- 鬼のオオカミ役ひとり、それ以外は全員赤ずきんちゃん役。
- 室内の中央にオオカミが横になります。赤ずきんちゃんが、ドアをノックする動作からあそびがスタート。

①赤ずきん「トン・トン・トン」
　オオカミ「だれだい?」
　赤ずきん「赤ずきんよ。お見舞いに来たの。」
　オオカミ「あらそうかい、お入り。」
　赤ずきんちゃん役の子どもたちは、オオカミに近づきます。

②赤ずきん「おばあちゃんのお耳はどうしてそんなに大きいの?」
　オオカミ「それは、赤ずきんちゃんの声がよく聞こえるようにだよ。」
　赤ずきん「おばあちゃんのおめめはどうしてそんなに大きいの?」
　オオカミ「それは　赤ずきんちゃんの顔がよく見えるようにだよ。」

③赤ずきん「おばあちゃんのお口はどうしてそんなに大きいの?」
　オオカミ「それは　お前たちを食べるためにさ!」
　オオカミ役はセリフを言い終えてから立ち上がり、赤ずきんちゃん役を追いかけます。

　　　　↑
　※このルールをきちんと守って遊びましょう。
　　　　↓

④赤ずきんちゃん役はオオカミ役のセリフを聞き終わってから逃げます。壁やロッカーなどにピタッと背中をくっつけたらセーフです。捕まったら次のオオカミ役の鬼になります。

※ガラス窓には絶対にくっつかないように約束しておきます。
※人数や年齢により、オオカミ役をふたりから3人にしてみましょう。

先輩からのひとこと 失敗　保育所で、0〜5歳児に2日間ずつ入りました。早くうちとけるあそびを準備するべきでした。

室内のあそび
4〜5歳児

あっというまにかけちゃった
絵かき歌で遊ぼう

★となえ歌を口ずさみながら楽しくかきましょう。意外性があって、子どもたちも大喜びします。かけた絵をみんなで見せ合うと、個性豊かでまた楽しめます。

準備するもの
印刷ミスなどのほご紙や裏面の使える広告紙、水性カラーペンまたはクレヨン。

遊び方
①実習生がゆっくりうたいながら一度かいてみます。次に、子どもたちがいっしょにかけるテンポで進めます。
②かけたらみんなで見せ合って楽しみます。
③低年齢の子どもたちには、実習生がうたいながらかいてあげても喜ばれます。

あひるさん　阿部　恵作
①にいちゃん　　②にこにこわらったら　　③あっというまにあひるさん

がいこつ　伝承あそび
①まるちゃんが まるちゃんが　　②おふろにはいって　　③ゆげぼうぼう　　④あっというまに がいこつだ

サンタさん　阿部　恵作
①とんがりおやまにおつきさま　　②おおきないけにうつってる　　③さかながピョンピョンはねまして

④くさむらいっぴきとびだした　　⑤あっというまにサンタさん

コックさん　伝承あそび

①ぼうがいっぽんあったとさ

②はっぱかな

③はっぱじゃないよかえるだよ

④かえるじゃないよあひるだよ

⑤ろくがつむいかに
　あめざあざあふってきて

⑥さんかくじょうぎに
　ひびいって

⑦あんぱんふたつまめみっつ

⑧こっぺぱんふたつくださいな

⑨あっというまに
　かわいいコックさん

おすもうさん　阿部　恵作

①おさらのうえに

②おもちをのせて

③つなをさげてかがみもち

④てがでたてがでた

⑤あしもでた

⑥あっというまにおすもうさん

おひめさま　伝承あそび

①ののちゃんののちゃん

の　　の

②はしかけて

の ⅢⅡ の

③おおやまこやま

④はながさく

⑤ながまるぽん　あめざあざあ
　ながまるぽん　あめざあざあ

⑥あっというまにおひめさま

※気軽にかくために、ほご紙（裏側が白の折り込み広告など）をたくさん用意しましょう。子どもたちがかいたものを、「○○がいいね」と具体的にたくさん褒めてあげましょう。

先輩からのひとこと　毎日ひとつだけ何かを発見しようと努力した。子どもの年齢による違いなど。

Ⅰ● 子どもと遊びましょう

屋外のあそび

全体に目を配りながら元気いっぱいに楽しく遊びましょう。

アドバイス【1】
遊ぶ人数に合わせて、あそび場の広さを決めましょう。

アドバイス【2】
子どもたちがわかりやすいようにルールの説明を工夫します。また、遊んでいくうちにルールの追加や修正など、臨機応変に行ないます。

アドバイス【3】
予想される事故やトラブルなどを事前に必ず考えておき、その予防や起きたときの対処なども準備しておきましょう。

アドバイス【4】
全員が参加するあそびのときなどは、合図に笛やタンブリンなどを用意しておくと便利です。

アドバイス【5】
ただ遊ぶだけでなく、天気や自然、季節の変化なども話題にしてみましょう。

屋外のあそび　0〜3歳児

風の子ヒュー

準備するもの
スズランテープ（荷造りテープ）を切って、人数分用意します。長さは子どものひざから下くらいです。

遊び方
- 振りながら歩く。
- 保育者の体にスズランテープをはりつけ、子どもがテープをはがそうと追いかけます。
- 子どものおしりにつけてしっぽ取り。
- 園庭の木や遊具にはっておき、取りっこします。慣れてきたら少し難しいあそびをしてみましょう。
- 木や遊具にいろんな色のスズランテープをはっておき、"赤色の前に集まって"や"青色を取ってきて"など、色の指示を出してみましょう。
- 鈴をつけたスズランテープを、ひもや棒につけて垂らします。鈴の音を鳴らさないようにくぐって忍者ごっこ（2歳児でもしゃがまないとくぐれない高さ）。

屋外のあそび　3〜5歳児

シロ・クロさせてうらがえしっこ大会

★園庭にまかれた、白と黒で表裏の白黒カード。白チームは黒面を白に、黒チームは白面を黒にひっくり返します。さあ、どっちが勝ったかな？

準備するもの
白黒カード50枚くらい、笛

白黒カードの作り方
①段ボールを15×15cmに切ります。

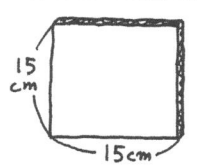

②表と裏に白と黒の折り紙をのりではります。

※のりは、すみまでしっかりつけます。

遊び方
①クラスを白チームと黒チームに分け、園庭に白黒カードを白面、黒面同数ばらまきます。

②笛の合図で白チームの子どもは黒面のカードをつぎつぎと白面に返し、黒チームの子どもは白面のカードをつぎつぎ黒面に返します。

※ぶつからないように、適当な間隔をあけて白黒カードを広げます。
※白黒カードは、実習生が段ボールを切り、子どもたちが白と黒の折り紙をはってもよいです。

③次の笛の合図でやめ、元の位置に戻ります。みんなで白と黒のカードの数をかぞえ、多いほうの勝ちです。

発展
①園庭に広げた白黒カードをすべて黒面にしておき、白チームが笛の合図ですべて白面に返します。

保育者はタイムを計る

②続いて黒チームが笛の合図で、白面になった白黒カードを黒面に返します。タイムの早かったほうが勝ちです。

※低年齢の子どもは、勝ち負けを競うのではなく、裏返すだけでも楽しめます。

先輩からのひとこと
注意されたことは、まずそのまま受け入れよう。そのときは納得いかなくても、まず反省してみる。

屋外のあそび
3〜5歳児

かみなりおに

★「おちた、おちた」のゲームとおにごっこが結びついた楽しいあそびです。かけ合いで元気いっぱいに遊びましょう。

遊び方

① ジャンケンで鬼を決め、ほかの子どもは手をつないで輪になります。

② 鬼は輪の中央に立ち、周りの子どもは手をつないで"おちたおちたなあにがおちた"と右に回りながらうたい、"た"で止まります。

③ 鬼は周りの子どもが"た"で止まったら、大きな声でみんな喜びそうな落ちる物を言います。「りんごがおちた！」「アンパンがおちた！」「おさいふがおちた！」「ぼうしがおちた！」「ハンカチがおちた！」など。

④ 周りの子どもは「ああよかった！」と、手をつないだまま中央に集まります。そして再び元に戻ります。

⑤ これを何回か繰り返し、鬼はころあいを見計らって「かみなりがおちた！」と言います。

⑥ 周りの子どもは、鬼に捕まらないように、決められた安全地帯まで逃げます。鬼はすばやく捕まえます。

※ここでつかまった子どもが鬼になり、また①から遊んでも楽しいです。

⑦ 捕まった子どもはいっしょに鬼になり、あそびを続けます。

※鬼の子どもは、相談して落ちる物を決め、声を合わせて言います。

⑧ 周りの子どもの人数が少なくなってきたら、うたいながら回る位置を決めて遊びます。
※全員が鬼になるまで遊びます。

※最初にあそびの中心と安全地帯を決めておきます。あそびの人数が少ないようだったら、あらかじめ手をつないで回るサークルも決めておくとよいでしょう。
※状況に応じて安全地帯の位置を、遠くしたり近くしたり2か所にしたりすると、あそびが盛り上がります。

| 屋外のあそび 4〜5歳児 | はしってどん！ジャンケンポン！ |

Ⅰ●子どもと遊びましょう

★「ジャンケンポン！勝ったあ、あーあ負けた」など、園庭に子どもたちの元気な声が響きます。地面に線や絵をかき、川をポーンと跳んだり、大きな岩を回り道したり…。手軽に遊べるところが魅力です。子どもたちのアイデアを生かして遊びましょう。

準備するもの
地面に線をかく棒またはライン引き

遊び方

①園庭に図のような線や絵をかきます。

②2組に分かれ、それぞれ一列に並びます。「はしって、どん」の合図で、先頭の子どもが線上を走ります。（川…飛び越える、岩…回り道をします。）

③ふたりが出会った所で両手をパチンと合わせ、「ジャンケンポン」とジャンケンをします。

④負けた子どもは、自分の組に「負けた！」と大きな声で知らせ、組の最後につきます。次の子どもは、声の合図とともに走り始めます。勝った子どもは、そのまま前に走ります。

⑤何回も繰り返し、相手の組のスタートラインに着いたら勝ちです。

発展
けんぱ池やけんけんはしごなどを取り入れてみましょう。

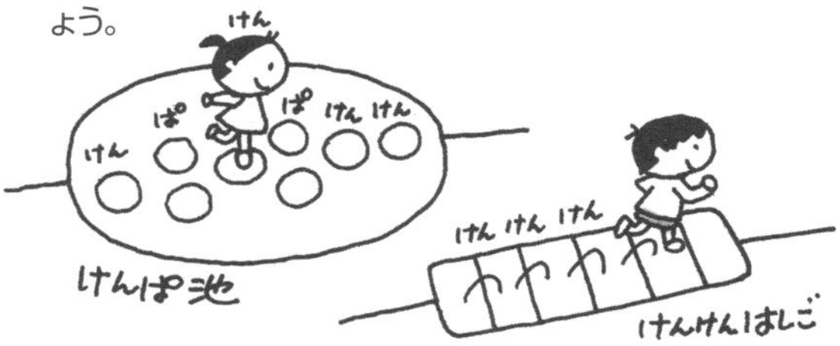

※複雑すぎると子どもたちの反応も今ひとつです。年齢によっていろいろ変えてみましょう。例えば、最初は川だけでも楽しめます。相手の組までたどり着くのが難しい場合は、相手の川を飛び越えたら勝ちとか、宝のボールを取ったら勝ちなど、新たにルールを決めてもよいです。

先輩からのひとこと 絵本・紙芝居・製作あそびの材料などをきちんと準備し、持参したことで褒められた。

I ● 子どもと遊びましょう

作って遊ぶ

楽しいものを作ることは子どもたちも大好きです。低年齢児にはプレゼントにしてもよいでしょう。

アドバイス【1】
子どもの発達や生活経験を配慮して、あらかじめ用意しておくことや、保育者（実習生）が手伝うところなどを考えながら指導案を立てましょう。

アドバイス【2】
製作の材料は必ずクラスの人数より多めに用意しておきましょう。思わぬアクシデントに見舞われることもあります。

アドバイス【3】
説明の手順を具体的にイメージしておきます。一度伝えてから訂正をすると、子どもたちは混乱していまいます。

アドバイス【4】
製作は早くできる子どもと遅い子どもが必ずいます。時間的に余裕をもって進め、作ったもので遊べる時間も十分確保しましょう。

アドバイス【5】
最初に作る物の見本を見せ、遊び方まで知らせたほうが、製作の意欲がわいてきます。

アドバイス【6】
用具や製作過程、あそびの中で危険はないか、どんな事故が予測されるかなどを考え、そうならないためにも対策を講じておきましょう。

作って遊ぶ 1〜2歳児 グルグルカタツムリ

★春から初夏にかけての実習で作ってみましょう。

準備するもの
紙皿、クレヨンまたは油性ペン、色画用紙、両面テープ

作り方

①色画用紙で体を作っておきます。

②子どもに紙皿を渡し、クレヨンや油性ペンでなぐりがきをさせます。

③両面テープで紙皿を色画用紙の体につけると出来上がりです。

名札つける

※壁面にはってもかわいいですね。

作って遊ぶ
2〜5歳児

よく回る紙皿こま

I●子どもと遊びましょう

★低年齢の子どもや指先の力が弱い子どもでも回せるこまです。回すことにより自由にかいた絵がきれいに変化するのも魅力的です。

作り方

① 紙皿の中心に、あらかじめ目打ちでしっかり穴をあけて、必ず印をつけておきます。

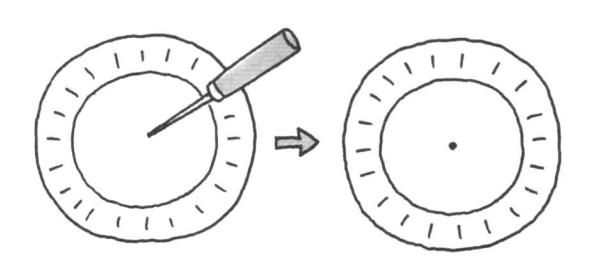

準備するもの

白い紙皿（直径18cm）、ビー玉（普通の大きさ）、半透明のフィルムケース（キャップは不要）、セロハンテープ、クレヨン

② 子どもたちがクレヨンで自由に絵をかきます。

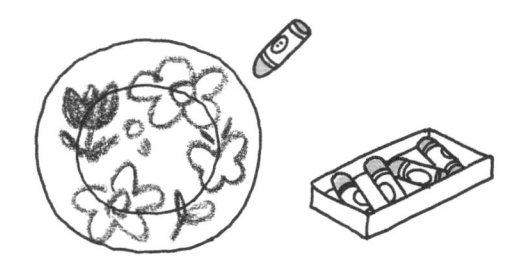

③ 紙皿の中心にフィルムケースを、図のようにセロハンテープでとめます。セロハンテープを輪にしてケースの底につけます（中心にしっかりと）。

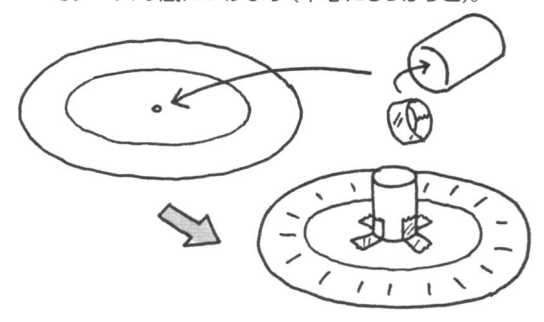

④ 紙皿を裏返して立て、中心にビー玉を図のようにセロハンテープでとめます。

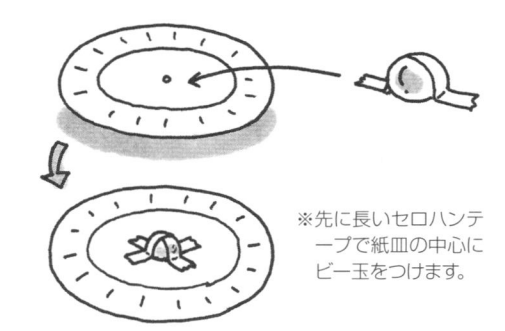

※先に長いセロハンテープで紙皿の中心にビー玉をつけます。

⑤ 表にして完成です。

遊び方

フィルムケースの上部を持ち、机や床の上で回すと、とてもきれいに回ります。

いちにの　さん！

※年齢やひとりひとりの経験に応じ、事前にどこまで準備をしておくか、当日手伝ってあげるところはどこか、説明をしてひとりで作るところはどこかなど、いろいろ考えておきましょう。

先輩からのひとこと まず、子どもたちの名前を覚えよう！事前に名簿を借りて！名札のない園もあります。

作って遊ぶ 1～2歳児　カラフルミノムシ

★秋の実習にぴったりで、簡単に作れます。

作り方

①机の上やシート、画板の上などに、毛糸をランダムにおきます。

③カラフルな毛糸がついて、かわいいミノムシさんの出来上がりです

準備するもの

トイレットペーパーの芯、いろんな色の毛糸、両面テープ

②子どもに両面テープのはってあるトイレットペーパーの芯を持たせ、毛糸の上をコロコロ転がします。

※保育室の入り口にぶら下げたり、壁面に使ってみてもいいですね。

作って遊ぶ 折れるのは4～5歳児　つくってとばそう

★どれも簡単に作れ、よく飛びます。子どもたちといっしょに作って遊びましょう。

準備するもの

折り紙（15×15cm）、セロハンテープ、ハサミ

かみひこうきの作り方

①真ん中に折り目をつけ、図のように折ります。

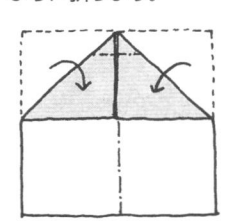

②もう一度図のように中央に折り合わせます。

③両側共に中央でふたつに折ります。

④両側とも、水平に広げて出来上がりです。

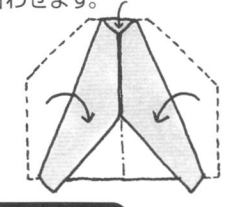

遊び方

形を整え、まっすぐ前に押し出すように飛ばします。

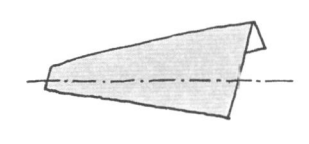

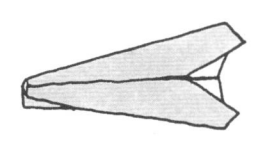

※折り紙は正確に折り、左右のバランスをとるとよく飛びます。折るコツ、飛ばすコツも見本を見せて伝えます。

Ⅰ●子どもと遊びましょう

かみとんぼの作り方

①図のように半分に折ります。

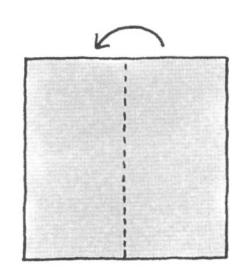

②折り目をつけて、図のようにハサミで切ります。

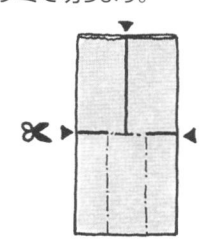

③下の部分を折り、セロハンテープでとめます。

④上の部分を開いて、出来上がりです。

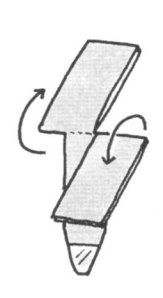

遊び方

手を上に伸ばして落とすと、クルクルよく回ります。

※切るところが難しい場合には、切り線をつけてあげるといいでしょう。ホールのステージの上などから落とすときれいです。

くるくるとんぼの作り方

①図のように1.5cmくらいの幅に切ります。

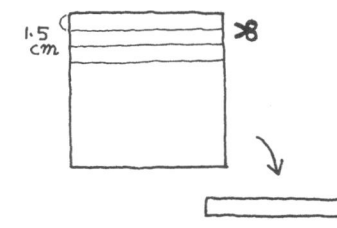

②輪にします。

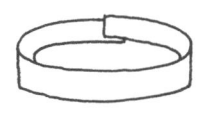

③輪の中央を図のようにセロハンテープでとめます。

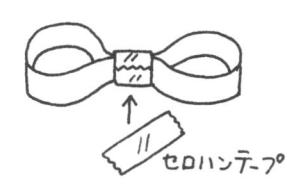

※セロハンテープでとめるとき、輪を折ってしまわないようにしましょう。

遊び方

上に投げると落下するときにクルクルときれいに回ります。いろいろな色でたくさん作り、投げるときれいです。

先輩からのひとこと ヤッター　あかちゃんに人見知りされるのはあたりまえ。その子どもの成長の証。少しずつあそびに入ろう！

作って遊ぶ
4～5歳児

クルクル紙コプター

★牛乳パックの空き容器とストローを使い、よく飛ぶクルクル紙コプターを作ります。簡単に作れてよく飛ぶので、子どもたちにも大人気です。プレゼントとしても喜ばれます。

準備するもの

牛乳パック（1リットル）、ストロー（太さ6mm）、セロハンテープ、ハサミ

作り方

①牛乳パックの空き容器を、図のように切っておきます（人数分）。

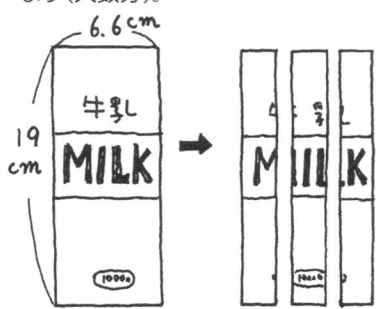

②細長い紙の絵柄が内側になるように半分に折ります。さらに図のように折り線を入れます。

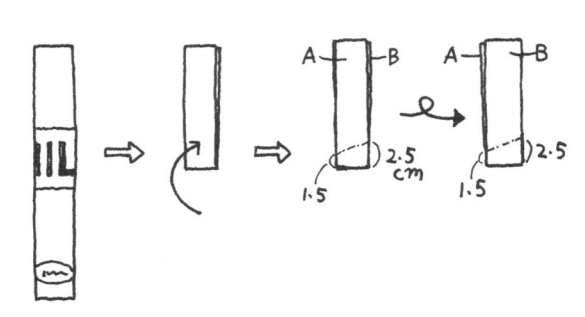

③ストローを12cmくらいに切ります。上の部分の直径の位置に2か所、1.5cmくらい切り込みを入れます。

④半分に折った紙の下部の中央にストローをはさみ、セロハンテープでしっかりとめます。

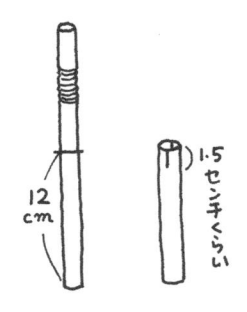

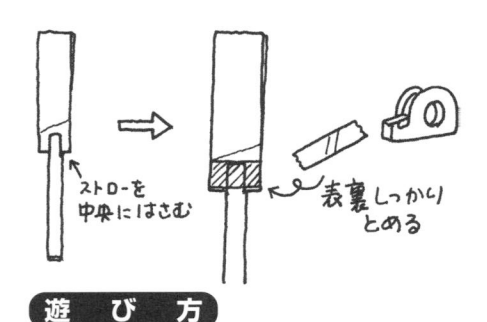

⑤細長い紙を折り線で折り下げます。左右のバランスをとったら完成です。

遊び方

ストローの部分を両手のひらではさみ、手をこすり合わせて回転させ「いち、にのさん」で押し出すように前に飛ばすと、高く飛び上がります。

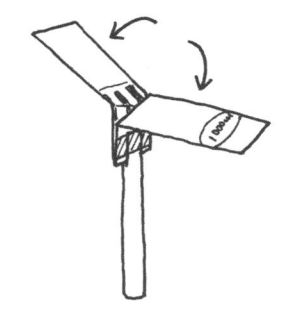

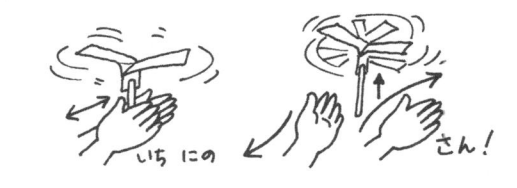

※よく飛ぶ紙コプターを作るには、紙を正確に切ったり折ったりし、ストローをまっすぐに付けることです。

※子どもたちの生活経験に合わせ、どこまで準備をしたらよいか、子どもたちにしてほしい経験は、どの部分の何かなど考えてみましょう。

作って遊ぶ
折れるのは5歳児

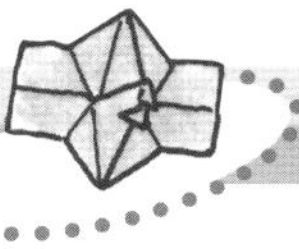

パッチンカメラでハイ・ポーズ

I●子どもと遊びましょう

★「ハイ・ポーズ！」パッチンカメラは大人気です。折り方の難しいところもありますが、あそびの魅力で作りたいという意欲が勝ります。

準備するもの
折り紙

作り方

① 4角(よすみ)を中心点に向かって折ります。

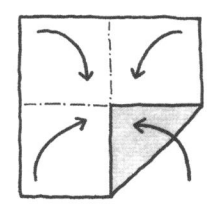

② ①を裏返して4角を折ります。

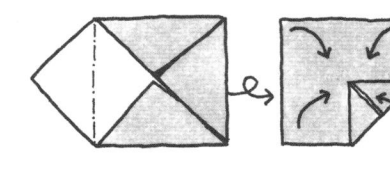

③ ②を裏返して4角を折ります。

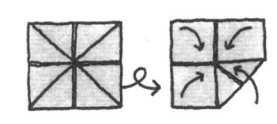

④ ③を裏返して図のように4角を引き出します。

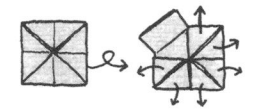

⑤ 図のように半分に折ります。

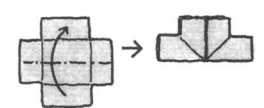

⑥ 図のように左右を引き出します。

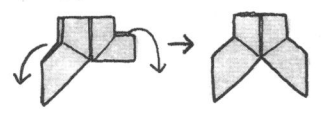

⑦ 図のように開き、先を出してクロスさせ、前後に折ります。

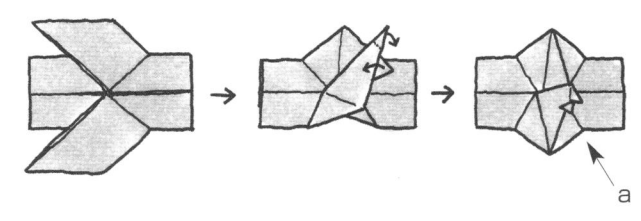

遊び方

① 図のように持ち、両手の親指を支点にして手首を手前に引くと、"パチン"という音とともに先が開きます。

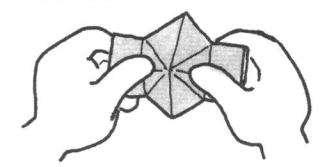

② 再び先を少しクロスさせ（⑦aの状態）、前後に折ると何度も遊べます。

発展

ハガキ大くらいの画用紙に、写真の枠を書いた物を用意します。カラーペンやクレヨンで友達の顔などをかいてみましょう。

※年齢的に折るのが難しい場合は、途中まで子どもたちが折り、その続きを実習生が折ってあげてもよいでしょう。自分で最後まで折れる子どもがいたら、わからない子どもやできない子どもに、教えてあげるよう促してみてください。喜んで伝える姿が見られます。

とって-
ハイ チーズ！

先輩からのひとこと 食事でも手あそびでも自信をもってやろう。オロオロしていると不安が子どもにうつります。

I ● 子どもと遊びましょう

アイデアあそび

新しい刺激は、子どもたちだけでなく、先輩の保育者も期待してくれています。あそびを自分のものにしてのぞんでください。

アドバイス【1】
あそびの材料を作ったら、一度友達といっしょに遊んでみましょう。自信につながります。

アドバイス【2】
楽しみ方が違いますから、年齢によって遊び方を工夫してください。低年齢児ではキャラクターものも喜ばれます。

アドバイス【3】
あそびの中に自らのアイデアも加えて生かしてください。

アイデアあそび 4〜5歳児　ピコピコテレパシー
絵カード

★絵カードを作っておくと、手軽にゲームが楽しめます。クイズあそびや、すきですかきらいですかあそび（ひかりのくに年齢別保育資料4歳児92ページ参照）などにも利用できて便利です。

絵カードの作り方

B5判（タテ約25cm×ヨコ約18cm）のボール紙を用意し、角は少し丸くします。食べられるもの食べられないものを、10枚ずつくらいかいておきます。
文字は大きく太く書き、絵は油性ペンなどで縁取りをして、ポスターカラーなどで色を塗ります。

食べられるもの…アイスクリーム、ウインナー、おはぎ、ハンバーグ、たいやきなど
食べられないもの…テレビ、たわし、リボン、きょうりゅう、イスなど（46ページに参考イラストがあります）

準備するもの
絵カード

ピコピコテレパシー

作詞：阿部　恵／作曲：宮本理也

遊び方

① 食べられるもの、食べられないものを適当に混ぜた絵カードを裏返し、ピアノや黒板に立てかけます。
② 「ピコピコテレパシー」の曲をうたいながら、食べられると思ったら"まる"を、食べられないと思ったら"ばつ"のポーズをします。
③ いちばん上の絵カードを「いち、にの、さん」とめくって子どもたちに見せます。

①おいしいものは
両手ひとさし指でほほを触ります。

②まる
両手で小さなまるをつくります。

③まる
元気よく両手で大きなまるをつくります。

④たべられないもの
両手を開いて胸の前で左右に振ります。

⑤ばつ
両手で小さなばつをつくります。

⑥ばつ
元気よく両手で大きくばつをつくります。

⑦ピコピコピコピコテレパシー
両手ひとさし指を、こめかみからカードに向けてテレパシーを送るように伸ばします。

⑧いちにいのさん　はいポー
手拍子を3回し、まるかばつを出す用意をします。

⑨ズ
すばやくまるかばつを出します。

※「まるかばつかどちらかな…。さあ、いちにいのさんでめくりますよ」などと、子どもたちに期待をもたせながら進めましょう。絵カードは少しずつ増やすと楽しく遊べます。あそびに慣れたら、子どもがリーダーになって遊んでみましょう。

先輩からのひとこと　異年齢児がいっしょのとき、4〜5歳児がごくしぜんに1〜2歳児の面倒をみるので感動した。

アイデアあそび　1〜5歳児

大きくなあれ！小さくなあれ！

へんしんカード

★ふしぎ、ふしぎ、小さなチューリップやカタツムリが大きなチューリップやカタツムリに。子どもたちの「大きくなあれ、大きくなあれ、ちちーんぷいぷいのぷい！」という呪文と歓声が響き渡ります。

準備するもの
へんしんカード（47ページに参考イラストがあります）
※紙皿でもできます。

へんしんカードの作り方

①大小のチューリップやカタツムリをかいて、切り取ります。

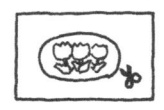

②色画用紙に、直径20cmくらいの円をかいて切り、1枚に小さいチューリップ、1枚に大きいチューリップをのりではります。

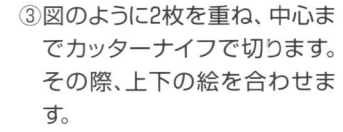

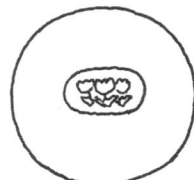

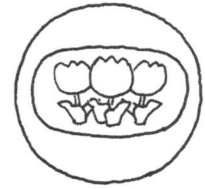

③図のように2枚を重ね、中心までカッターナイフで切ります。その際、上下の絵を合わせます。

※円の画用紙に直接かいてもよい。

遊び方

①2枚を重ねて左手で持ちます。
「先生は、不思議なへんしんカードを持ってきました。みんなといっしょに"大きくなあれ、大きくなあれ、ちちーんぷいぷいのぷい！"と呪文をかけると、ここにかいてある小さなチューリップが大きくなるんです。やってみましょう。さん、はい！」
子どもたち「大きくなあれ　大きくなあれ　ちちーんぷいぷいのぷい！」

②折ったつまみの上を左手、下を右手で持ち、右手をゆっくり反時計回りで回します。すると、下の大きなチューリップが出てきます。
「さあ　みんなの呪文がかかりましたよ。いちにのさん！」

③右手を1周させます。
「わあ　大きなチューリップになりました。みんなでチューリップの歌をうたってみましょう。」
『チューリップ』をうたう。

④「さあ今度は何がでてくるかな？」
以下、同様に続けます。

※「小さくなあれ小さくなあれ、ちちんぷいぷいのぷい！」と逆も楽しめます。
※へんしんを楽しむだけでなく、関連した歌やお話を入れてみましょう。

アイデアあそび　2～5歳児

たくさん遊びましょう

ハンドパネルシアター

★自分のことをよく知ってもらうと、子どもたちとすぐに仲よくなれます。油性黒ペンとクレヨンでかんたん自己紹介ハンドパネルシアターを作りましょう。

ハンドパネルの作り方

①40×55cm大の段ボールの表裏に、同じ大きさのボール紙をはる。

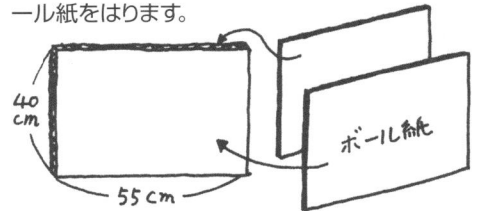

絵人形の作り方

①パネルシアター用不織布に、油性黒ペン(太字)でしっかりと下絵をかき、クレヨンで着色します。

遊び方

①ハンドパネルを出しながら
「先生、○○組さんと早く仲よしになりたくて、小さなパネルシアターを作ってきました」

③「一度、みゆき先生と呼んでください」
子どもたち「みゆき先生！」
「はあい。元気な声で呼んでくれてありがとう。先生も元気いっぱいです。元気パワーの秘密はだあいすきな、なっとうごはん。それから…梅おむすびもだあーいすき…よろしくお願いします。」など。

準備するもの

ハンドパネル、絵人形(47ページに参考イラストがあります)

②50×65cm大のパネル布またはフランネルを当てて、裏の折り返しを木工用接着剤でとめます。折り返した部分は、クラフトテープでとめて、ハンドパネルの出来上がり。

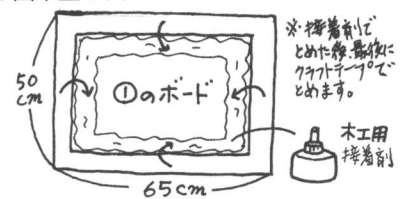

②ハサミで切り取って出来上がりです。

②お話に合わせてそれぞれの絵人形をはりながら、「これが先生です。ほら、ピンクのエプロンも髪型も同じ。名前は、こ・す・ぎ・み・ゆ・きといいます。みゆき先生と呼んでね」

※子どもたちの反応を受けながら、絵人形をはずします。
※自分の得意なものや好きな物、園で子どもたちと遊べるものなどを盛り込んで、楽しい自己紹介の内容にしましょう。また、一方的に話すのではなく、子どもの反応を受けながら展開しましょう。
※興味をもった子どもがいたら、自由に触らせてあげてください。

先輩からのひとこと　失敗　子どもは予想もつかない行動をすることも。いろんな対応の仕方ができるように！

アイデアあそびの参考イラスト

●42ページ『ピコピコテレパシー』

あいすくりいむ

はんばあぐ

てれび

ういんなあ

たいやき

ふらいぱん

いす

きょうりゅう

作り方
① 台紙を原寸大でコピーします。
② 使いたいイラストを約150％に拡大コピーします。
③ ①に②をはり、それを約200％に拡大コピーします。
④ 色をぬって、ボール紙にはりつけます。

台紙

●44ページ『大きくなあれ！小さくなあれ！』

※大きいもの、小さいもの、2種類作ります。

●45ページ『たくさんあそびましょう』

先輩からのひとこと ヤッター ひとつでもいいから自信のある保育技術をもって行こう。ほかのときの自信にもなる。

Ⅰ● 子どもと遊びましょう

絵本の楽しみ方

絵本はただ文を読むのではなく、子どもといっしょに絵を読み取りながら語ります。年齢に応じた楽しみ方を工夫してみましょう。

絵本の選び方

1. 対象年齢の子どもに合ったもの。
　市販のものでは、たいてい裏表紙に対象年齢が書いてあるので参考にします。保育絵本だと、それぞれの年齢に合った内容で毎月出ています。

2. 季節感や行事も考慮する。
　春の実習に秋のお話を選んでもあまり興味がもてません。逆に、遠足があるころに遠足のテーマの絵本を見たら、子どもたちの期待は膨らみます。また、季節や行事に関係しない絵本だったら、いつでも楽しめます。

3. 集団で楽しみたい場合は、絵のはっきりしたものを。
　本来絵本は、保育者のひざの上や両脇などで楽しむもの。それを紙芝居のように集団で見るのは無理があります。しかし、実習でクラス全体を対象に見てもらうという場合があるので、遠目の利くものを選びましょう。

4. 自由あそびのときなどに少数の子どもと楽しみたい場合は、どんなタッチの絵でも。
　手元で楽しむのが絵本ですから、本来の楽しみ方をする場合は、どんなタッチの絵本でも選ぶことができます。

5. 自分が子どもになったつもりで。
　自分が3歳児だったら、こんなリズミカルな本を喜ぶんじゃないか、5歳児のこの時期だったら、いろいろな種類を楽しめるんじゃないかなど、自分が子どもになったつもりで選んでみましょう。

下読みの仕方

1. 子どもになったつもりで絵を読み取る。
　最初は子どもになったつもりで、表紙から裏表紙まで絵を読み取ってみましょう。文字は意識的に見ないようにします。すると、かかれている情景や細かい部分にも気づきます。

2. 文を読んでみる。
　今度は文を中心に声を出して読んでみます。行間にどんな感情や情景が込められているのかも考えてみます。

3. 絵と文の両者を合わせて読み取る。
　絵と文全体を味わいながら読んでみます。子どもたちの喜びそうなところはどこなのか、意識してみましょう。

絵本の語り伝え方

1. 子どもを絵本の見やすい位置に配置する。
　背景のすっきりした所を選び、子どもたちを図のように配置しましょう。

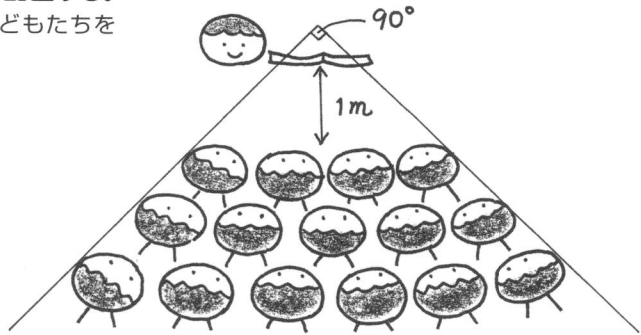

2. 絵本を顔の横に持って語り伝える。
　子どもが床に座っているようだったら、実習生はイスに座り、子どもがイスに座っているようだったら実習生は立ちます。いずれの場合も絵本はできるだけ顔に近づけます。

（図中の手書きメモ）
- できるだけ顔に近づける
- のどの部分をもつ
- ひじをしめると安定する

4. 絵本のテーマを考え、どんな楽しみ方ができるかイメージしてみる。
　いっしょに見たい年齢の子どもの姿を思い浮かべながら、この絵本で子どもたちとどんな楽しみ方ができるか、具体的にイメージしてみます。

5. 絵本ののどの部分をよく手のひらで押す。
　子どもたちからよく見えるように、のどの部分を体重をかけながら押し、よく開くようにします。

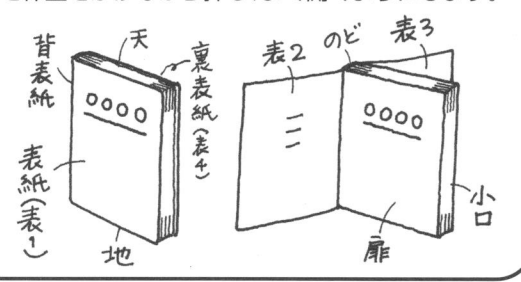

（図：背表紙／天／裏表紙（表4）／表紙（表1）／地／表2／のど／表3／扉／小口）

3. 表情豊かに自分のことばで語る。
　文をそのまま読むのではなく、子どもに合わせて絵と文で表現されている内容を、自分のことばでひとりひとりの子どもに語りかけるようにしましょう。

4. 子どもの反応をていねいに受け止めて語りの中に反映させていく。
　どんな反応にも、うなずきや相づちを忘れずにし、「ほんとだ、○○ちゃんの見つけた○○もここにいますよ」などと、語りの中に取り込んでいくようにします。

5. 余韻を残して終わる。
　裏表紙をめくってしばらくしてから「おしまい」と、余韻を残して終わるようにします。そして、いつでも手にして見ていいと、置き場所を教えてあげます。また、先生の所へ持ってくれば、いつでもいっしょに見てあげることも伝えましょう。

先輩からのひとこと　積極的＝勝手にすることではない。「こうしたいのですがどうでしょう」とまず聞くことを！

I●子どもと遊びましょう

紙芝居の楽しみ方

紙芝居は保育室で簡単にできる紙のお芝居です。ですから読むのではなく、登場人物になりきって演じます。舞台を使って指先に神経を集中させながら演じます。手に持つと紙芝居が不安定で、子どもの反応もわかりにくくなります。

紙芝居の選び方

1.対象年齢の子どもに合ったもの。

紙芝居には、はじめから2、3歳児向けに作られたものもあります。後は、4、5歳児向けとなりますが、語りをやさしくすると、2、3歳児でも楽しめるものもたくさんあります。場面数を目安にすることもできます。8場面…2、3歳児向き、12場面…3歳児後期から4、5歳児向き。16場面や前・後編ものは5歳児向き。

2.季節感や行事も考慮する。

私たちが手にする紙芝居は、ほとんどが教育紙芝居と呼ばれるものです。ですから、それぞれの紙芝居のケースなどに、必ずその作品のねらいが書かれています。最初から季節や行事を意識した作品も多くあります。

3.ねらいを確かめながら選ぶ。

ねらいがクラスの状態に合っているかどうか、また、合わせることができるかどうかを考えながら選びましょう。

4.幅広い作品の中から見つける。

園にある作品が少なかったら、地域の図書館などから借りてくるのもよいでしょう。園にないものは、子どもたちも新鮮で喜んでくれます。

5.語り、ぬき、間がしっかりしているか確かめる。

紙芝居の三本柱は、語り、ぬき、間です。ところが、裏面はただの説明的な文で、ぬきの指示のないものもあります。しっかり作ってあるものを手にしてください。

下読みの仕方

1.机の上に図のように置いて、脚本を指示通りに読んでみる。

紙芝居は画と脚本で構成されています。1場面の画の脚本は、最終場面目の画の裏になります。そこで、図のように机に置いて脚本通りに進めてみます。

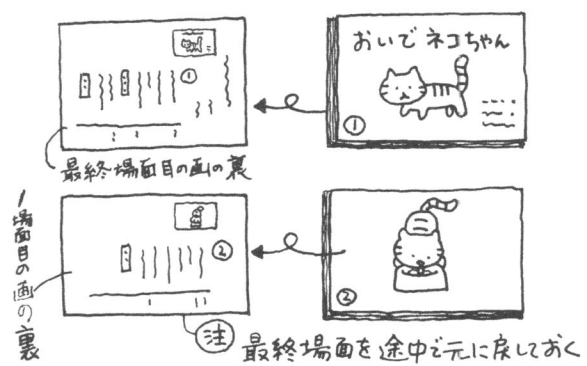

注 最終場面を途中で元に戻しておく

2. 同様の方法で声を出してやってみる。

2回目は、ぬくの指示（ぬく、ゆっくりぬく、すばやくぬく、1/2ぬく）や、間の指示、演出ノートなどに注意を払いながら、声を出してやってみましょう。

3. 演じる子どもに合わせて脚本を直す。

ポストイット（付せん）を用意し、子どもに合わせて難しいことばや、説明が不足しているところなどを、直してはっておくとよいでしょう（使い終わったら付せんははがして返却する）。

4. 舞台に入れて演じてみる。

紙芝居は「指先の芸術」と呼ばれるくらい"ぬき"が大切です。舞台で何度かぬきを練習しましょう。横に水平に引きます。

5. 画の順番を確認してケースに入れる。

最後はもう一度順番を確認しておきます。使い終わった後も、順番を確認して返却することがマナーです。

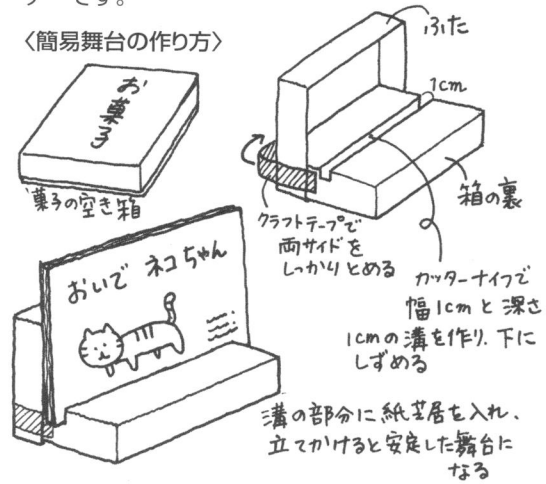

〈簡易舞台の作り方〉

紙芝居の演じ方

1. 子どもを紙芝居の見やすい位置に配置する。

背景のすっきりした所を選んで、子どもたちを図のように配置しましょう。

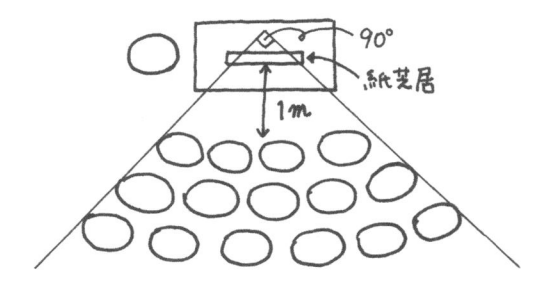

2. 紙芝居の舞台を適当な台にのせる。

子どもの目線の高さを考慮して台を用意します。台が低い場合は、大型積み木などを簡易舞台の下に入れます。

3. 最終場面を抜き出す。

1場面目の脚本が書いてある最終場面を抜き出して、台のスペースに置き、子どもの表情や場面を見ながら演じます。最終場面は忘れずに途中で戻します。

4. 表情豊かに脚本を生かしながら。

お芝居ですから登場人物になりきって演じてください。語り、ぬき、間を生かしながら演じます。

5. 最終場面はお話によって工夫を。

最終場面はそのまま「おしまい」でしめくくるか、手元にある場面をいっしょに舞台に戻して、1場面目を出して「おしまい」とするか、作品の内容によって考えてみましょう。

※手で持って演ずると、紙芝居のよさが半減してしまいます。園外保育やバスの中など、特別の場合以外はできるだけ舞台を使いましょう。

先輩からのひとこと 担任の先生の記録や指導案を見せてもらいながら、いろいろ聞けてとても勉強になりました。

II ● 記録をつけましょう

実習記録の書き方

　記録を書くということで、どのように実習をしたのか1日を振り返り反省することや、明日の目標などを明確にすることができます。記録の内容は、実習園の担任や園長、養成機関などで把握し、実習生が指導を受ける上で大事な資料となります。だれが読んでもわかるよう、実習中のできごとや何を学んだか理解できるような記録の書き方を心がけましょう。

アドバイス【1】小さなメモ帳を用意しましょう。
活動内容やその時間、担任の動き、子どもたちのやりとりなど、その場で記録をします。1日を振り返るときに、とても役に立ちます。休憩時や、保育が終わった後と決められていることもあるので、注意してください。

アドバイス【2】記録はペンで書きましょう。
内容をわかりやすく簡潔に、また誤字脱字をなくすためにも鉛筆で下書きをし、最後にペンで清書をしましょう。国語辞典も必ず手元に置きます。

アドバイス【3】週案を参考にしましょう。
1週間の保育の流れやねらいを知るためにも、週案を見せてもらって参考にしましょう。

※記録の取り方は、実習園や担当の保育者の考え方によっても指導が異なります。記入前に様式や内容を打ち合わせてください。

実習記録の例① 保育園／0歳児

○担任の先生の配慮　●実習生の配慮

| ○月○日 | ○曜日 | 天候　晴れのち曇り | 0歳　○○組 | 男3名　女2名　計5名 |

| | ねらい | 担任：安定した一日を過ごす。
実習生：さらによく、子どものようすを観察する。 | 指導担当者 ○○ | 指導者印 |

時間	乳児・幼児の活動	保育の配慮	環境・準備
8:30	◎順次登園する。 ・自由に遊ぶ。 ・オムツを替える。	●おもちゃを布でふき、清潔なものが使えるようにする。 ○子どもたちが保育園での生活に、気持ちよく入れるよう、明るくあいさつをし、視診をしていく。家庭でのようすを聞き、連絡を取り合う。 ●子どもたちと目線を合わせ、明るく元気にあいさつをする。 ●周りの子どもたちに気をつけながら、机やイスを出す。	・温度調節をした保育室 ・オムツ、バスタオル ・おもちゃをふく布 ・おもちゃ ・机、イス ・机用ふきん
9:50	◎果汁・牛乳を飲む。	●子どもに合った抱き方や飲ませ方をし、安心して果汁が飲めるようにする。	・殺菌されたほ乳瓶 ・ガーゼ ・おしぼり
10:05	◎午前睡をする(T君、R君)。 ◎園庭で遊ぶ。 ・帽子をかぶり、外靴に履き替える。 ・うば車に乗る。	○寝かせるときは背中を軽くたたき、落ち着いて眠れるようにする。 ●園庭でうば車を押すときは、気をつけてする。 ●帽子をいやがり脱いでしまう場合は、頭が熱くならないよう日陰に移動する。	・布団 ・帽子 ・うば車
11:00	◎保育室に戻る。 ◎午前睡から目覚める。 ・体温を計る。 ・オムツを替える。	●給食の準備は、すばやく周りに注意しながら行なう。 ●殺菌のため、手や口をしっかりふく。 ○オムツ替えは、語りかけながらふれあいを楽しむ。	・オムツ、バスタオル ・体温計
11:15	◎給食を食べる。 ・イスに座る。 ・手を洗う。 ・手、口をふく。 ・歌をうたう。 ・給食を食べる。	○食事の前のあいさつは、歌をうたいながら、楽しく習慣づけができるようにする。 ●子どもたちにことばがけをし、楽しい雰囲気で食事ができるようにする。 ○全員の食べる量や食べ方を把握する。	・机、イス ・おしぼり ・机用ふきん ・ゴミ袋 ・スプーン、コップ
12:10	◎手、口をふき、着替えをする。 ・オムツを替える。 ・ミルクを飲む。	●眠たくなっているので、着替えはすばやくする。 ●給食の後かたづけは、手早く行なう。 ○授乳はその子どもにあった抱き方、飲ませ方をし、落ち着いて飲めるようにする。	・オムツ、バスタオル ・着替え ・ミルク、殺菌されたほ乳瓶
12:50	◎午後睡をする。	●気持ちよく眠れるように、体を揺らしたり軽く背中をたたいたりして安心させる。 ○睡眠中のようす (呼吸、顔色、おう吐の有無) や睡眠時間を連絡帳に記入する。	・布団

先輩からのひとこと　失敗　低年齢児と初めてふれあった。思ったより幼いと感じた。準備したあそびが無駄に…。

● 実習記録の例①（続き）

時　間	乳児・幼児の活動	保育の配慮	環境・準備
14:50	◎午後睡から目覚める。 ・オムツを替える。 ・おしぼりで手、口をふく。	●気持ちよくおやつが食べられるよう、オムツ替えをし、手や口をふき清潔にする。	・オムツ、バスタオル ・机、イス ・机用ふきん
15:05	◎おやつを食べる。 ・『おやつの歌』をうたう。 ・おやつを食べる。	○歌をうたいながら楽しくあいさつをする。 ●月齢に合わせ、おやつの量や食べさせ方に気をつける。 ○ひとりでがんばって食べている姿を認め、意欲をもたせていく。 ●おいしく食べられるようことばがけをしていく。	・ゴミ袋 ・おやつ ・おしぼり
15:40	◎オムツを替える。 ◎ミルクを飲む。	○授乳後は、排気をさせる。 ○声をかけながらおいしくミルクが飲めるようにする。	・オムツ、バスタオル ・ミルク、殺菌されたほ乳瓶
16:00	◎自由あそびをする。 ・おもちゃで遊ぶ。	●子どもの好きなあそびを観察し、繰り返しいっしょに遊ぶ。	
17:00	◎降園する。 ・順次迎えにくる。 ◎延長保育。	○保護者に一日のできごとを知らせ、情報交換をする。 ●明るく元気にあいさつをし、明日への期待がもてるようにする。	

〈園児の観察・反省・感想〉

　今日は7日ぶりに○○組に入りましたが、子どもの発達はとても早いものだと、改めて感じたことがありました。Aちゃんは、つかまり立ちをする回数が増え、ひとりで短い距離を歩けるようになっていました。S君は、ことばを話すことが多くなり、保育者の声かけにもこたえるようになり、とても驚きました。0歳児は月齢の差がとても激しく、はいはいできない子どもから、ひとりで歩ける子どもなどさまざまです。好きなあそびのときは、歩ける子もが、寝ころんでいる子どもの所へ行き、髪の毛を引っ張ったり顔をたたいたりしていました。

　そのほか今回の実習では、接触をして転んでしまう子どもがよく見られました。いろいろな場面で、保育者の配慮のたいへんさが感じられました。今日で0歳児の実習は4日目ですが、なかなかクラス全体のようすを見ることができません。好きなあそびだから自由にさせるだけではなく、常に安全面に気をつけながら、子どもたちと接していくこと、けがをしてからでは遅いということ、明日はそのことを頭に入れ、実習をしていこうと思います。

　保育園実習も明日が最後です。まだ全員の子どもたちと話をしていないので、声をかけ、分からないことや疑問に思ったことは、そのままにせず、先生がたにお聞きして解決し、悔いの残らない実習にしたいと思います。

〈助言〉

　7日ぶりの○○組。さまざまな驚きや発見、気づきがあったようですね。子どもたちは成長に伴い、動きもますます活発になり、危険度も高くなっています。安全で清潔な環境の中で、ひとりひとりの子どもたちが、伸び伸びと生活できるための環境づくり、全体を把握する力、アクシデントに対応する力などを養うことが、私たち保育者に大切になってきます。それぞれの子どもたちに、温かみのあるかかわりができるようにがんばってください。

チェックポイント

　すっきりまとまっています。0歳児へのことばがけがよくわからずに戸惑った、という反省も聞くことがありますから、保育者のことばがけも具体的に記しておくと、将来役立つでしょう。

　園児の観察・反省・感想の欄が"です・ます調"で書かれています。公的には"だ・である調"と指導を受けたら、"だ・である調"に直してください。

実習記録の例②
保育園／1歳児

○担任の先生の配慮　●実習生の配慮

○月○日　○曜日	天候　雨	1歳　○○組	男2名　女2名　計4名

ねらい	担任：他児との交流を楽しむ。 実習生：あそびを通して1歳児とかかわり、生活や発達を知る。	指導担当者 ○○	指導者印

時間	乳児・幼児の活動	保育の配慮	環境・準備
8:00	◎各自登園する	○子どもの状態を聞き、時間外保育から子どもを引き継ぐ。 ○明るくあいさつをして、保育室に入りやすいようにする。 ○保護者と連絡を取り合い、子どもの状態を把握する。 ○子どものようすを見ながら、健康状態を視診していく。 ○安全面に気をつけながら、環境を整える。	・連絡カード ・窓をあけて風通しをよくしておく。 ・おもちゃなどをきれいにふいて用意する。
9:30	◎好きなあそびをする。 ◎かたづける。 ◎排せつをする。 ・オマルに座る。 ・トイレにいく。 ・オムツ交換をする。 ◎手あそびをする。 ・お休み調べをする。 ◎おやつを食べる。 ・手、口をおしぼりでふく。 ・食べる。 ・かたづけをする。	●いっしょに遊び、子どもとしぜんにかかわれるようにする。 ○失敗しても、次をがんばれるよう励ます。 ○元気よく返事ができたことを認め、イスを渡していく。 ○休みの子どもを確認する。 ○子どもの自主性を大切にし、できないところは援助をする。 ●食べるようすを見守りながら、声をかける。	・おもちゃ、ままごと、ぬいぐるみ、ブロック、積み木、乗り物 ・キルティングシート ・オムツ、おしりふき （机の配置図：保・実） ・机、イス ・ふきん ・おしぼりタオル
10:00	◎新聞紙で遊ぶ。 ・破いて遊ぶ。 ・ボールにして遊ぶ。 ◎ビニールテープをはがして遊ぶ。	○子どもたちの前で新聞紙を破り、興味をもたせる。 ○新聞紙を細かくちぎり、紙吹雪あそびを楽しめるようにする。 ●棒を作り、違う形にも興味がもてるようにする。 ○新聞紙を丸め、ビニールテープを巻いてボールを作って見せる。 ○転がしたりなげたりして、いっしょに遊ぶ。 ○下敷きにビニールテープをはっておき、発達段階に合ったあそびが、できるようにする。 ○はったりはがしたりの繰り返しあそびが楽しめるよう働きかける。	・新聞紙 ・セロハンテープ ・ビニールテープ ・ゴミ袋 ・保育室内を広く使えるようにする。 ・下敷き ・ビニールテープ （○△□に切っておく）
10:50	◎排せつをする。 ◎絵本を見る。	○うまく排せつができたことを褒め、自信につながるようにする。	・キルティングシート ・オムツ、おしりふき ・絵本『おへんじはーい』
11:00	◎給食の準備をする。 ・手をふき、エプロンをつける。 ◎給食を食べる。 ・あいさつをして、食べる。 ・食べ終わったら口をふき、あいさつをする。	●楽しく給食の準備ができるよう、声をかけていく。 ●苦手な物でもがんばって食べている姿を褒めていく。 ○子どもの発達に合った食べさせ方をする。 ○最後までがんばれるよう励まし、援助する。	（机の配置図：実・保） ・エプロン（各自のもの） ・ミニバケツ ・おしぼりタオル ・CD

先輩からのひとこと　戸惑ったときは担任をまねるようにした。

● 実習記録の例②（続き）

時　間	乳児・幼児の活動	保育の配慮	環境・準備
11:50	・かたづける。 ◎ビデオを見る。	○食後の休息も兼ね、座ってビデオを見るよう声をかける。	・ビデオ 『母と子のテレビタイム』
12:10	◎午睡をする。	○子どもが安心して眠れるよう添い寝をする。 ○途中、起きた子どもは、体に手を添えるなどし、眠れるようにする。	・パジャマ ・布団 ・午睡用ＣＤ
15:00	◎目覚める。 ◎排せつをする。 ◎おやつを食べる。	○●検温をして子どもの健康状態を把握する。 ●ふざけてしまう子どもには、保育士と競争をすることで、やる気をもたせる。 ○好きなおやつを選び、楽しく食べられるようにする。 ●優しく話しかけ、落ち着いた雰囲気づくりを心がける。	・体温計 （図：保育士と実習生の配置）
15:50	◎ホールで遊ぶ。	○異年齢と遊べるよう安全面に配慮して、遊具を出す。 ○いっしょに遊び、異年齢との交流が楽しめるようにする。 ○全体に目を配り、危険なあそびには声かけをし、気づかせていく。	・おもちゃ（大型ソフト積み木、ボール、乗用玩具、メッシュトンネル）
16:25	◎順次降園をする。 ◎時間外保育を受ける。	○早めに降園準備をし、落ち着いて帰れるようにする。 ○時間外保育の引き継ぎを行なう。	

〈園児の観察・保育の反省・感想〉
　クラスの人数が少ないため、ゆったりとした流れの中で１歳児の生活を観察することができた。
　ズボンの着替えや食事では、自分でやろうとする姿が多く見られた。あそびでも、ひとりでゆっくり遊ぶ時間や友達と並行あそびの時間の両方を大切にし、見守っていく必要を感じた。
　保育者や遊具などを通して、友達に優しくする場面も見られる。排せつの失敗も次は少しでも成功するよう励ましていると、子どもも意識をして尿意を伝えられるようになるのだとわかった。励まし続け、褒めることで自信につながる重要性を感じた。

〈助言〉
　子どもたちが自分でできたと感じられるように、私たちもひとりひとりの援助の仕方を工夫しながら接していかなければなりません。そして、できたときは、子どもたちを"ギュッ"と抱きしめながら、気持ちいっぱい、体いっぱいで褒めてあげてください。

チェックポイント

　保育園実習２日目ですから、記録もこれからよくなっていくのでしょう。実習生のねらいである、子どもたちとかかわったようすやその感想、保育者が子どもの発達に合った食べさせ方をしているところなどは、もっと細かく記しておくと、後で参考になります。
　保育者は環境や準備にも、相当の神経を使っています。こちらはよく記録してあります。

この表から読み取ったことを自分なりに書き込んでみよう！

実習記録の例③ 保育園／2歳児

○担任の先生の配慮　●実習生の配慮

○月○日　○曜日	天候　雨	2歳　○○組	男5名　女5名　計10名

ねらい	担任：広い学童室で楽しく遊ぶ。 実習生：2歳児の特徴と生活の流れを知る。	指導担当者　○○　指導者印

時間	乳児・幼児の活動	保育の配慮	環境・準備
7:20	◎登園する（早朝保育、別室にて）。 ・『おかあさんといっしょ』のテレビを見る。	●保育室の窓をあけて風を通し、空気の入れ換えをする。 ●明るく子どもとあいさつを交わし、好感がもてるようにする。 ●静かにテレビが見られるように、声をかける。	・環境のよい保育室
8:30	◎登園する。 ◎保育室で好きなあそびをする。 ・ぬいぐるみで遊ぶ。 ◎かたづけをする。	○ひとりひとりとあいさつを交わし、視診をして健康状態を把握する。 ●子どもの名前を呼びながらあいさつを交わし、好感がもてるようにする。 ●子どもたちの中に積極的に入り、楽しく遊べるようにする。 ●物を取り合っている子どもたちに、きちんと説明をし、お互いが納得できるようにする。 ○おもちゃが残っていることを知らせ、自分からかたづけられるようにする。	・ぬいぐるみ ・ブロック
9:30	◎排せつをする。 ・便器に座る。 ・オムツ交換をする。 ◎おやつを食べる。 ・手を洗う。 ・イスに座る。 ・歌をうたう。 ・返事をする。 ・話を聞く。 ・あいさつ「いただきます」をする。 ・おやつを食べる。 ・あいさつ「ごちそうさま」をする。	○トイレに行くよう声をかける。 ○できないところは援助をし、なるべくひとりでできるようにしていく。 ●オムツ交換をするときは、ことばがけをしながら楽しくする。 ○元気に手をあげて返事をしたことを認め、他児にも刺激になるようにする。 ○明日の遠足について話をし、期待がもてるようにする。 ●子どもに声をかけ、楽しい雰囲気でおやつが食べられるようにする。 ●少ししか食べていない子どもに、がんばって食べるように励ます。	・紙オムツ（必要な子どものみ） ・机 ・イス ・机ふき ・おやつ（ヨーグルト）
9:45	◎学童室で遊ぶ。 ・移動する。 ・学童室で遊ぶ。 ・パズルで遊ぶ。 ・ボールで遊ぶ。	○一列に並び、電車ごっこをしながら、楽しく園舎内を回れるようにする。 ○階段は手すりを持って安全に登れるよう声をかける。 ●パズルで分からないところは援助をし、完成した喜びが感じられるようにする。	・パズル ・ボール
10:45	◎かたづけをする。	●残っている遊具があることに気づかせ、自分からかたづけるようにする。	・紙オムツ ・机

先輩からのひとこと　複数担任のときは、指導案の打ち合わせをするなど、保育者間の対応の統一が重要！

●実習記録の例③（続き）

時　　間	乳児・幼児の活動	保育の配慮	環境・準備
	・保育室に戻る。	○電車ごっこで楽しく保育室に戻る。	・イス
11:00	◎排せつをする。 ・便器に座る。 ・オムツ交換をする。 ◎給食を食べる。 ・手を洗う。 ・イスに座る。 ・あいさつ「いただきます」をする。 ・給食を食べる。 ・あいさつ「ごちそうさま」をする。 ・かたづけをする。 ◎遊戯室で遊ぶ。 ・走る。 ・リズムに合わせて体を動かす。 ・運動をする。	●なるべく自分でするように促す。 ○ばい菌が残らないようしっかり手を洗うように声かけをする。 ○あいさつをして食べることを徹底させる。 ●食が進まない子どもには、励ましたり介助したりして、少しでも多く食べられるようにする。 ○声かけをしながら楽しい雰囲気で食事ができるようにする。 ○食後は絵本を見て、ゆっくる過せるようにする。 ○保育室を掃除する間、楽しく待てるように工夫する。 ○上履きはそろえて置くように声をかける。 ●しぜんに中央に集まってしまうので、スペースを空けるように外へ誘いかける。	・給食（ごはん、大根と油揚げのみそ汁、コロッケ、サラダ、オレンジ）
12:00	◎午睡をする。 ・排せつをする。 ・布団に入り寝る。	●子どもの背中を"トントン"とたたき、安心して眠れるようにする。	・布団 ・ござ
14:45	◎起床する。 ・排せつをする。 ◎おやつを食べる。 ・手を洗いイスに座る。 ・あいさつ「いただきます」をする。 ・おやつを食べる。 ・あいさつ「ごちそうさま」をする。 ◎ベランダに移動する。 ・歌をうたう。 ・お帰りのあいさつをする。	●やさしく声をかけ、起きる時間ということを知らせる。 ●ゆっくりしている子どもにはおやつが待っていることを知らせ、少しでも早く用意ができるようにする。 ●会話をしながら楽しい雰囲気で食べられるようにする。 ○混雑しないように順番に名前を呼び、かたづけをする。 ●保育室の掃除をし、清潔が保てるようにする。 ○遠足のおみやげを見せたり、歌をうたったりして、明日へ期待がもてるようにする。 ●元気よくあいさつをする。	・机 ・イス ・おやつ（牛乳、せんべい） ・おみやげ（リンゴ、ミカン、バナナ）
15:30	◎降園する。 ◎おもちゃで遊ぶ（延長保育）。	●していいことと悪いことをしっかり伝え、みんなが楽しく遊べるようにする。	・ブロック ・おもちゃ

〈園児の観察・保育の反省・感想〉
　○○組から□□組に移り、やはり年齢の差を感じました。0、1歳児ではできなかったことも、1歳上がるだけでできるようになっていたので、この1歳の違いは大きいものだと改めて感じました。
　今日の実習では、物の取り合いがよく見られました。自分が使っているおもちゃだけでは、物足りないらしく、ほかの子どもが使っているおもちゃを奪おうと、手を出していました。"使いたい"という欲求が押さえきれないようです。自分の物になるまで絶対にあきらめない子どもと、おもちゃをほかの子どもに貸したくない子ども、どちらも物に対する執着心は強いように感じました。何も言わずに取るのではなく、必ず「貸して」と声をかけ、相手が「いいよ」と、返事をしたらもらうことができると説明しました。最初はうまくいきましたが、長時間は続きませんでした。自分の欲求すべてが通るわけではないことを、しっかり伝えていかなければと思いました。
　0、1歳児は保育者がほとんど援助をしていたのに対して、2歳児ではどの程度援助をすればいいのか悩み、できることにまでつい手を出していました。2歳児の発達を理解し、自分でできることを多く経験させなくてはいけないと思いました。援助してしまえば簡単ですが、自立への第一歩として、時間がかかっても身の回りのことを自分でさせ、やり遂げたという達成感を与えられるようにしていくことが大切だと思いました。

〈助言〉
　私も新人のころは、どこまで援助したらいいのか悩みました。○○さんが感じられたように、子どもが自分で身の回りのことができるように、時間的余裕をもつこと、そして、子どもたちの成長、発達を理解して援助することが大切です。時間がかかっても「自分でやる」これが経験ですね。また、物の貸し借りにおいても、保育士が仲立ちしながら、あそびや生活の中で、繰り返し経験させていくことで、身についていくのではないでしょうか。

チェックポイント
　記録の中に、物の取り合いについての観察、自らのかかわりや感想、さらに考察も見られます。ものごとのありようや問題の原因などをよく考えてみることを考察といいますが、実習ではこの部分がとても大切で、自分の考えを知ることにもなります。1日のねらいに対しての評価もできています。環境準備欄は、子どもの配置などの配慮も含めてもう少し充実を。

> おねえさんせんせいと
> あそんで、たのしかった。
> ありがとう!

先輩からのひとこと　ねらいを立てることで多くの発見や反省が出た。それを次の日のねらいに生かせた。

実習記録の例④ 保育園／3歳児

○担任の先生の配慮　●実習生の配慮

○月○日 ○曜日	天候　晴れ	3歳　○○組	男7名　女10名　計17名

ねらい	担任：リズムあそびを楽しむ。 実習生：3歳児の特徴と生活を観察する。	指導担当者　○○	指導者印

時間	乳児・幼児の活動	保育の配慮	環境・準備
9:00	◎登園する。 ・持ち物の始末をする。 ◎好きなあそびをする。 ・砂場や三輪車で遊ぶ。	●明るく元気にあいさつをする。	〔室内〕 ・ブロック、ままごと、ぬいぐるみ、乗り物、折り紙、クレパス、粘土 〔屋外〕 ・砂場セット、三輪車、ボール、バケツ、ぞうきん、足ふきマット、タオル、コップ
10:15	◎かたづけをする。 ・足を洗う。 ◎排せつ、手洗いをする。 ◎水分補給をする。	○ひとりひとりに声をかけ、いっしょにかたづけができるようにする。 ○手や足をきれいに洗って保育室へ入るよう声をかける。 ○排せつをしたかひとりずつ確認をする。	
10:40	◎朝の集まりをする。 ・歌『ありさんのおはなし』『おつかいありさん』『ことりのうた』 ・当番が前に出る。 ・『おはようのうた』をうたい、朝のあいさつをする。 ・実習生の紹介と話を聞く。	○きちんとイスに座って待っている子どもたちを認める。 ○子どもたちのようすを見ながら、いっしょに楽しく歌をうたう。 ○わかりやすく、ゆっくり2番の歌詞を知らせていく。 ●笑顔で子どもたちの顔を見ながら話をする。	（ピアノ・保の配置図） ・自己紹介で使う折り紙の指人形
11:00	◎リズムあそびをする。 ・2グループにわかれる。 ・音楽に合わせて体を動かす。（歩く、走る、スキップ、ジャンプ、いろいろな動物） ◎排せつ、手洗いをする。	○何をするのか話をし、子どもたちが期待をもてるようにする。 ○「次は○○ですよ」と声をかけ、いろいろな動きを楽しめるようにする。 ○がんばっている姿を認めていく。 ●子どもたちがもっとがんばれるよう励ます。	（ピアノ・CD・リズム遊びの配置図）（待っている子・いす）
11:30	◎給食の準備をする。 ・イスに座る。 ・用意をする。 ・『おべんとうのうた』をうたい、あいさつをする。	○給食の準備をすることを知らせる。 ○自分で少しずつできるように声をかけたり見守ったりする。 ●給食を配ったり並べたりする。 ●元気よく歌をうたい、楽しい雰囲気にする。	（ピアノ・配膳台・テーブル配置図） ・ふきん
12:00	◎給食を食べる。 ・「ごちそうさま」をする。 ・かたづけをする。 ◎歯磨きをする。	●会話を楽しみながら給食を食べる。 ●がんばって食べた子どもを認め、満足できるようにする。 ○お皿のご飯粒を集め、食べやすいように配慮をする。	・歯ブラシ
12:30	◎午睡の準備をする。 ・着替えをする。	●着替えのようすを見て、服のたたみ方や表裏の確認をする。	・パジャマ ・布団、シート

時　間	乳児・幼児の活動	保育の配慮	環境・準備
	・絵本を見る。	○落ち着いて午睡に入れるよう、絵本を見せる。	・絵本『とんとんとん』
12:50	◎午睡をする。 ・布団に入り寝る。	○カーテンを閉め、電気を消し、環境を整える。 ○おなかをさすったり軽くたたいたりして、眠りやすいようにする。	
14:45	◎起床をする。 ・布団をたたむ。 ・排せつ、手洗いをする。 ・着替えをする。	○電気をつけカーテンをあけ、起きやすい環境にする。 ○元気よく声をかけ子どもたちを起こしていく。 ●自主的に着替えられるよう、楽しい会話をする。	・目覚め用ＣＤ
15:00	◎おやつの準備をする。 ・イスに座る。 ・あいさつ「いただきます」をする。 ・食べる。 ・あいさつ「ごちそうさま」をする。 ・かたづけをする。	○全員がそろったらあいさつをして、会話をしながら楽しく食べられるようにする。	(配膳台・ピアノの配置図)
15:40	◎降園準備をする。 ・手あそびをする。 ・絵本『まねっこねこちゃん』を見る。 ・『おかえりのうた』をうたう。	○食べ終わった子どもから、お帰りの準備をするよう声をかける。 ○子どもたちの好きな手あそびで、気持ちが落ち着くようにする。 ●準備の遅れている子どもに、がんばっていっしょに絵本を見ようと声をかける。 ○全員が見えるか確認をして読み始める。	(ピアノ・床にすわるの配置図) ・絵本
15:50	◎順次降園する。	○元気よくあいさつをし、明日への期待につなげる。	

〈園児の観察・保育の反省・感想〉

　今日から3歳児クラスでの実習。5歳児と大きく違うのは、体が小さく頭が大きいこと。そして、話すことばがあまりはっきりせず、「さしすせそ」が「たちつてと」になっていたり、たどたどしい話し方だったりしたので、ついこちらもあかちゃんことばで話をしてしまった。これではいけないと反省をし、子どもたちの手本になれるよう、話し方を普通に戻したりもした。

　3歳児は、何事にもひとつひとつていねいに教えながら声をかけていかなければいけないと思った。しかし朝の会で、子どもたちが落ち着いて話を聞いている姿や、当番の子どもたちが前に出て話を進めている姿には驚かされた。午睡の準備をしているときも、自分でパジャマのボタンをとめたり、脱いだ服をたたんで袋に入れるなど、集団生活の経験の差を感じた。幼稚園の同じ3歳児と比べると、自分でできることに差があると思った。ほとんど何もできないと思い込んでいたが、今日一日のできごとで、それが大きく違っていたと気づいた。

　現実に行動している子どもたちの姿をよく見て声に耳を傾け、何を優先すべきかその場で判断していかなければいけないと強く感じた。

〈助言〉

　3歳児ぐらいになりますと、自分の思いをことばで伝えようとする姿がよく見られますが、まだ語彙が少なく、ことばの組み立てがうまくできないため、話している内容を理解するのに苦労します。しかし、子どもたちの「話したい」「伝えたい」という気持ちを受け止めてあげることで、安心して自分のことばで話すことができるようになります。また、保育士が子どもたちの『話し方のお手本』になることも大

先輩からのひとこと　担任の顔色をうかがうのではなく、子どもともっと向き合うべきだったと反省した。

● 実習記録の例④（続き）

切ですね。そして、同じ3歳児でも月齢に差がありますので、一概に、幼稚園の3歳児より何でもできるとは言えません。子どもたちの日々の心と体の成長を、正確に把握する目を養ってください。

チェックポイント

前日までの5歳児、幼稚園実習での3歳児との違いを感じながらの3歳児クラスの初日でしたね。それらをまとめた感想はよく書けています。一方保育の配慮欄は、もう少し保育者の配慮を読み取ってほしいものです。朝の自由あそびでは、室内と屋外で細かい配慮の上に、安全で楽しいあそびがあります。おやつも準備からかたづけまで配慮の連続です。その中でも大切と思える部分を記すようにしましょう。

自分ならどうするか、考えてみましょう！

実習記録の例⑤
保育園／4歳児

○担任の先生の配慮　●実習生の配慮

○月○日　○曜日	天候　晴れ	4歳　○○組	男20名　女12名　計32名

ねらい	担任	絵の具の活動を楽しんで行なう。	指導担当者　○○	指導者印
	実習生	4歳児の特徴や生活のようすをよく観察する。		

時間	乳児・幼児の活動	保育の配慮	環境・準備
9:00	◎登園する。 ・出席ノートにシールをはる。 ・持ち物をかたづける。 ◎保育室で好きなあそびをする。 ・ブロック、積み木、粘土、絵本、ミニカーなど	○元気にあいさつをし、ひとりひとりと会話を交わし、保護者のかたと連絡を取り合う。 ●元気よく朝のあいさつをし、ひとりひとりに話しかけ、少しでも早く仲よくなれるように努める。 ●いっしょにいろいろなあそびをし、コミュニケーションをとる。	・日付カード ・シール ・コップ ・おもちゃ （配置図：シール／ピアノ／おもちゃ／粘土／絵本）
9:50	◎かたづけをする。 ◎排せつ、手洗いをする。 ◎スモックを着る。	●かたづけている姿を褒め、やる気が出るようにする。	・タオル ・スモック
10:05	◎朝の会 ・歌をうたう。 ・手あそびをする。 ・出席確認の返事をする。 ・先生の話と実習生の紹介。 ◎「デカルコマニー」をする。 ・話を聞く。 ・グループごとに座る。 ・画用紙の真ん中に折り目をつける。 ・片面に好きな絵や模様をかく。 ・半分に折る。 ・上からこする。 ・絵を見せる。 ・かたづける。	○手あそびをし、落ち着いて待てるようにする。 ●子どもたちに刺激が与えられるよう、大きな声で元気よくうたう。 ○姿勢や態度についてことばがけをし、自分で意識できるようにする。 ○じょうずに返事ができたら、その姿を認め、他児の励みとなるようにしていく。 ●子どもたちにわかりやすくゆっくりと話す。 ○デカルコマニーについて話をし、子どもたちに興味をもたせる。 ○作り方や約束ごとを確認し、話をよく聞いていたグループから始める。 ●汚れた所をふき、何も気にせず絵の具あそびが楽しめるようにする。 ○楽しく意欲的に取り組めるよう声をかけていく。 ○偶然できる模様に共感し、より興味、関心をもてるようにする。 ●見せにきてくれる子どもに、「ここの色が混ざった所きれい！」「チョウチョウさんができたね」などと喜びを分かち合う。	（ピアノの図） ・絵の具、カップ ・筆 ・画用紙（折り線を入れておく） ・新聞紙 ・ぞうきん ・机6台 各グループ5・6人ずつ、机に絵の具の入ったカップ、ぞうきん、人数分の筆を用意する。
11:05	◎園庭で好きなあそびをする。 ・固定遊具（ジャングルジム、のぼり棒、鉄棒）で遊ぶ。 ・砂場で遊ぶ。	●安全に気をつけながら、固定遊具のあそびを楽しめるよう声かけをする。 ○前日の雨で危険な遊具は張り紙をし、安全面に配慮する。	・砂あそび道具（スコップ、じょうろ、バケツ、カップ、ホース） ・「きけん」のはり紙
11:30	◎かたづける。 ◎排せつ、手洗いをする。	●いっしょにかたづけをしながら、がんばれるよう声かけをする。 ○保育室に戻る前に人数確認をする。	・タオル

先輩からのひとこと　ヤッター　その年齢の子どもにわかるようなことばがけが大切だと知った。

● 実習記録の例⑤(続き)

時　間	乳児・幼児の活動	保育の配慮	環境・準備
12:10	◎給食の準備をする。 ・当番が準備をする。 ・食べる。 ・かたづけをする。	●遊んでいる子どもには、給食の準備をするよう声をかけて促す。 ○重たい物はふたりで協力して運ぶようにし、安全面に配慮する。 ●会話をしながら楽しく食事ができるようにする。	・机、イス ・ふきん （ピアノ・配膳台の配置図）
13:10	◎歯磨きをする。 ◎排せつ、手洗いをする。	●床のぬれた所を、○○くんと○○ちゃんといっしょにふく。	・歯ブラシ ・タオル
13:30	◎午睡をする。 ・布団を敷く。 ・布団に入り寝る。	○午睡の準備をし、静かに布団に入れるようにする。 ○話をしている子どもには、ほかの子どもが眠れないことを知らせ、静かにするように促す。 ●眠れない子どもの横にいき、背中を軽くたたくなどして寝付けるようにする。	・布団、シート ・パジャマ
15:00	◎起床する。 ・布団をたたむ。 ・排せつ、手洗いをする。	●「おかたづけの仕方を先生にも教えてね」と聞きながら、子どもといっしょに布団のかたづけをする。	・タオル
15:40	◎おやつを食べる。 ・机、イスを出す。 ・あいさつ「いただきます」をする。 ・食べる。 ・あいさつ「ごちそうさま」をする。 ・かたづける。 ・うがいをする。 ◎保育室で好きなあそびをする。 ◎降園する。（順次）	○イスの持ち方に気をつけ、おやつの準備をするよう声をかける。 ○子どもの体調に合わせ、おやつの量を調整する。 ●「おいしいね。みんなは、どんなおやつが好きなの？」などと、和やかに食べられるような話しのきっかけをつくる。 ●元気よくあいさつをし、明日へ期待がもてるようにする。	（ピアノ・配膳台の配置図） ・ブロック ・ままごと ・積み木 ・絵本

〈園児の観察〉

　今日一日、4歳児の子どもたちとかかわる中で、たくさんの発見があった。友達同士でひとつのあそびをすることができる反面、意見の違いや衝突も多く、まだまだ保育者の援助が必要な年齢だと感じた。絵の具の模様あそびでは、初めてだったこともあり、興味や関心は個人差が見られた。やりたくない子どもに対して、むりやりやらせるのではなく、自分からやりたくなるまで待つことも大切だということが理解できた。また運動面では、ジャングルジムのいちばん上から飛び降りたり、のぼり棒から滑って降りたりと、年少児と比較すると運動能力がとても発達している。その分危険なあそびも増えるので、保育者が注意深く見守り、すべてを制限するのではなく、危険を知らせたり自分たちで考えさせたりすることが必要だと思った。

　4歳児は、自分のことがある程度できるようになる、友達のまねをしたがる、口出しをするようになるなど、いろいろな面でいちばん刺激を感じ吸収していく、敏感な年齢なのではないかとも思えた。その分難しさも多く存在しているようにも感じている。

〈反省と感想〉

　友達同士でけんかが起こったとき、自分が保育者として適切な助言ができているのか、もっと子どもたちが納得のいくことばがけができるようになりたいと実感した。○○組の子どもたちはとても元気がよく、パワーに満ちあふれていた。いろいろなあそびを知り、子どもたちともっと仲よくなれたらと思う。その中でも、伝えていくことはしっかり伝えていく態度で接していきたい。

〈助言〉
　子ども同士のけんかの仲裁は、本当に難しいですね。両方が納得がいくような決着をつけることは、やはり無理です。私たちができることは、傷ついた子どもの心を癒してあげることではないでしょうか。
　また、保育を展開していく上で、いやがる子どもには、無理やりやらせないことは大事なことですが、第一にやらなければいけないことは、子どもたちがその活動を自分からやってみたいと思うような、環境や導入を考え、工夫しながら準備しておくことだと思います。○○先生は、○○組の子どもたちに負けないぐらいパワフルですよ。そのパワーをもとに、子どもたちが楽しいと思うような活動を展開できるようにがんばりましょう。

チェックポイント

　積極的な姿勢の感じられる記録です。さまざまな感想も的確に分析しています。実習が進んだら、保育者や自分のことばがけを中心に、配慮欄を書いてみるのもよいでしょう。すると、ていねいなことばがけをしていたか、そのときどきのことばがけが的確だったか、発展的なことばがけが多くあったかなどを知ることができます。

先輩からのひとこと　失敗　幼稚園で援助しすぎたので、乳児院でだっこを拒む。欲求を満たすべきときもあると注意。

実習記録の例⑥ 保育園／5歳児

○担任の先生の配慮　●実習生の配慮

○月○日　○曜日	天候　晴れ	5歳　○○組	男9名　女9名　計18名
ねらい	担任：交通安全指導に参加する。 実習生：5歳児の生活の流れを知る。		指導担当者　○○　指導者印

時間	乳児・幼児の活動	保育の配慮	環境・準備
8:30	◎順次登園する。 ・持ち物の始末をする。 ◎園庭で好きなあそびをする。 ・すべり台、鉄棒、砂場など	○子どもたちが一日の生活を楽しく過ごせるように、明るくあいさつをし、声をかけながら視診をしていく。 ●子どもたちの顔を見て、明るくあいさつをしていく。 ○子どもたちに危険がないように、園庭を見回りながら遊ぶ。 ●少しでも早く、○○組の子どもたちに慣れるように、できるだけ多く自分から声をかけていく。 ●子どもたちに危険がないように（他児との接触、固定遊具からの落下等）周りを見ながら遊ぶようにする。	・シール ・大縄 ・ポリ袋(水あそび用)
9:20	◎かたづけをする。 ◎排せつ、手洗いをする。 ◎紅白帽子をかぶり、床に座る。	●出した物は全部かたづけるように声をかける。 ○みんなでかたづけができるよう声をかける。 ●排せつのとき、トイレの前で話をしたりふざけたりしている子どもに声をかけ、他児が待っていることを知らせる。	・紅白帽子
9:30	◎歌をうたう。 ・『おすわりのうた』 ・『ゆりかごのうた』で目を閉じる。 ・『ちょうちょう』で目をあける。	○オルガンで『ゆりかごのうた』を弾き、落ち着いて朝のあいさつができるようにする。 ○元気よくうたえるよう、ことばがけをする。	
9:35	・『ことりのうた』『ありさんのおはなし』『あかあおきいろのうた』『そうだったらいいのにな』	○交通安全に関心がもてるよう、『あかあおきいろのうた』をうたう。	
9:40	◎朝のあいさつをする。 ・出席をとり、返事をする。	○みんなで声をそろえ、元気よくあいさつができるようにする。 ○ひとりひとりの顔を見ながら名前を呼び、健康状態を確認していく。	
9:45 10:00	◎交通安全指導に参加する（ホール）。 ・ホールに移動し、座る。 ・婦警さんの話を聞く。 ・ビデオを見る。 ・歌『あかあおきいろのうた』をうたう。 ・お礼のことばを言う。	○交通安全指導に参加するにあたり、簡単な内容や気をつけることを知らせていく。 ○排せつの確認をし、落ち着いて移動できるようにする（ホールでの排泄はできないことを知らせる）。 ●前の子どもに合わせて並ぶように声をかける。 ●歩道内を歩くときでも、子どもたちに危険がないよう保育者は、車道側を歩く。 ○ほかの園の子どもたちもいるので、静かに入室するよう声をかける。 ○ビデオを見るときは、姿勢を正し（体育座り）みんなが見えるようにする。	スクリーン 1歳〜5歳 ビデオプロジェクター

時　間	乳児・幼児の活動	保育の配慮	環境・準備
	◎交通安全の確認をする（園庭）。 ・説明を聞く。"踏切の渡り方""横断歩道の渡り方""信号機の見方と渡り方""止まれの標識のある所では？" ・お礼のことばを言う。	●落ち着きのない子どもには、最後までがんばるよう励ます。 ○説明を聞くときは、話をしている人を見るようにことばがけをする。 ○騒いでいる子どもに、今どうするべきなのか話をし、気づかせていく。 ●見本を見せるときは、大きな声や大げさな動作をし、子どもたちがわかるようにする。 ○声をそろえて大きな声で、お礼のことばが言えるようにする。 ●保育室へ戻る間も、交通安全に気をつけ、歩いている姿やがんばりを認めていく。	・園庭に、道路や線路の線をかく。 ・信号機、遮断機
11:15	◎排せつ、手洗いをする。		
11:30	◎給食の準備をする。 ・机、イスの用意をする。 ・準備ができたらおかずを取りに行く。 ・歌『なんでもたべるこ』をうたう。 ・あいさつ「いただきます」をする。	●イスの持ち方に気をつけ、けがなく安全に運んでいるか見守る。 ○準備が遅れている子どもには、みんなが待っていることを知らせ、気づかせていく。 ○給食を作ってくれた人たちに感謝の気持ちを込め、歌をうたったりあいさつをしたりする。	・机、イス ・ふきん ・食器 ・給食
11:35	◎給食を食べる。 ・あいさつ「ごちそうさま」をする。 ・かたづける。	○食事中はバランスよく食べるよう声をかける。 ●おかずだけ食べている子ども、話に夢中になっている子どもには、時間内にがんばってバランスよく食べるよう励ます。 ●周りに気をつけながら、すばやく机をかたづける。	・子どもたちの好きなＣＤ ・ＣＤデッキ
12:15	◎歯磨きをする。 ◎掃除をする。		・歯ブラシ ・ほうき、ちりとり ・ぞうきん、バケツ
12:45 （部分実習）	◎午睡の準備をする。 ・パジャマに着替える。 ・当番が布団を敷く。その間、絵本を見たり手あそびをしたりする。 ・マジックを見る。 ・絵本『わすれられない送りもの』を見る。 ・排せつをする。	●布団を敷いている間、歌や手あそびをして楽しく待てるようにする。 ●マジックをするときや絵本を読むときは、みんなに見えるよう本の高さや声の大きさを考える。 ○トイレに行くときは、寝ているクラスのことを考え、静かに行くよう声をかける。	・マジックの道具（ハンカチ、割りばし、輪ゴム） ・絵本
13:00	◎午睡をする。 ・布団に入り寝る。	○寝付けない子どもの背中を軽くたたき、落ち着いて眠れるようにする。	
15:00	◎起床する。 ・布団をたたむ。	○目覚めの合図として音楽をかけ、気持ちよく起きられるようにする。また、すばやく起きられるよう声	

先輩からのひとこと　子どもの前で何かをする経験をさせていただいただけでプラスだったと思う。

●実習記録の例⑥（続き）

時　間	乳児・幼児の活動	保育の配慮	環境・準備
	・排せつをする。 ・着替える。	かけをする。 ●明るく元気に声をかける。 ●ぼんやりしている子どもには、みんなが待っていることを知らせ、励ましていく。	
15:25	◎おやつの準備をする。 ・手を洗う。 ・イスを出す。 ・おやつの用意をする。 ・おやつの歌をうたう。 ・あいさつ「いただきます」をする。	○全員そろってあいさつができるようにする。	ピアノ　おやつ（配置図）
15:45	◎おやつを食べる。 ・歌をうたう。 ・あいさつ「ごちそうさま」をする。 ・かたづける。 ・掃除をする。	●牛乳をこぼさないよう、よそ見をせず、しっかりコップを持って飲むよう声をかける。 ○話をしている子どもには、当番が前に出て用意をしていることに気づかせていく。 ●子どもたちの待つ時間が少ないよう、保育室の掃除はすばやく行なう。	・おやつ ・食器 ・ふきん ・ぞうきん ・掃除機
15:50	◎降園の準備をする。 ・手あそび『いっぴきの野ねずみ』『いっぽんばしにほんばし』をする。 ・お帰りの歌をうたう。 ・あいさつをする。	○手あそびや絵本を見せることで、落ち着いて帰りのあいさつができるようにする。 ○絵本を読んだ後、子どもたちに問いかけることで、話に広がりをもたせ、発展させていけるようにする。 ○交通安全指導で教えてもらったことを確認し、気をつけながら帰れるようにする。 ●明日への期待がもてるよう、元気にあいさつをする。	・絵本『ちからたろう』
16:00	◎降園する。		

〈園児の観察・保育の反省・感想〉

　今日は5歳児のクラスへ実習に入りました。保育園での5歳児は初めてで、幼稚園の5歳児のクラスとはどのように違うのかがわからず、とても不安でした。緊張していたせいか、初めは私のほうからも、なかなか声をかけることができませんでした。しかし、給食を食べたころから、子どもたちも声をかけてくれ、徐々に不安も消えていきました。部分実習の"マジック"と"絵本"のときは、やはり緊張しました。マジックが終わった後、「またマジックやってね」や「ちょっとかわいそうなお話だったね」など子どもたちが言ってくれ、楽しんでくれたことが、とてもうれしくなりました。反省することが多く、マジックの終わり方が中途半端になったり長い絵本を選んでしまったことなどです。絵本は今まで何回も経験しているのに、思うようにいかないまま終わってしまい、とても後悔しています。

　5歳児になると、午睡の後はしっかり自分で布団をたたみ、かたづけるのには驚きました。保育園での実習は、まだ0、1歳児クラスしか入っていないため、突然5歳児のクラスになると、自分でできることが多く、ひとこと言えばスムーズに子どもたちが動けるような状態でした。子どもたちも、園での生活を通して、学んでいることが数多くあるのだと思いました。

　帰りのあいさつをして、園庭で遊ぶときは、子どもたちのほうから「いっしょに遊ぼう」と、声をかけてくれ、とてもうれしく感じました。一日の最後に、私も子どもたちも心を開いていっしょに遊べるようになったのに、○○組の実習が今日一日だけというのは、とても残念です。残りの実習期間は3日となりましたが、その中でできるだけ多くの子どもたちとかかわり、多くのことを学び、今後の自分に生かせるようにしていきたいと思います。

〈助言〉
　緊張と後悔だけが残る部分実習になってしまいましたね。何の導入もなく、マジックに入ってしまったため、子どもたちも何が始まったんだろう？　という表情をしていました。マジックに関連がないものでも、子どもの視線を集められるような簡単なあそびをしてから始めたら、もう少し興味をもって見てくれたように思います。また、マジックの後に絵本を読んだことで、マジックが絵本のための導入的役割になってしまったかもしれません。そして、絵本を子どもたちに読み聞かせるときは、事前に何度も読み返し、子どもたちに伝えたいことや山場になる場面などを自分なりに考え、本番にのぞむことが大切です。私にも経験がありますが、実習で子どもたちの前で失敗してしまうと、後悔だけが残り、マイナス思考になってしまいます。でも、子どもたちが自分の保育の「先生」という気持ちをもち、子どもたちに鍛えてもらうつもりで、失敗を次回への原動力にして、再度チャレンジしてください。

チェックポイント

　これだけ大きな行事が計画されていたのであれば、実習生のねらいもそれにふさわしいものにしたほうがよいでしょう。「交通安全指導の内容や参加した子どもたちのようすを知る」このようなねらいが考えられます。部分実習はどのようなねらいがあったか、それに対しての評価が大切です。よく書けていますが、一段上の記述を目ざしてください。

「自分のこととして読んでみてね！」

「自分の考えをメモしておくといいよ！」

先輩からのひとこと 失敗　まず自分が楽しく笑顔でのぞまないと、子どもたちものってこないことがわかった。

実習記録の例⑦ 幼稚園／3歳児

○担任の先生の配慮　●実習生の配慮

○月○日　○曜日	天候　雨	3歳　○○組	男12名　女11名　計23名

ねらい	担任/実習生	好きなあそびを見つけ、保育者や友達といっしょに遊ぶ。 自由あそびでの子どもたちのようすを観察する。	指導担当者　○○	指導者印

時間	幼児の活動	保育の配慮	環境・準備
9:35	◎登園する。 （○○バスの子どもたち）	○雨で下が滑るので、気をつけて歩くよう声をかける。 ●バスでもどした子どもやおもらしをした子どもに、やさしく声をかけながら着替えさせる。	・足ふきマット
9:40	（□□バスの子どもたち） ・持ち物も始末をし、体操服に着替える。	●持ち物をかたづけていない子どもに、「どこにかけるんだっけ？」と声をかけ、自分でやるように促す。 ●援助を求めてくる子どもには、いっしょにやることでやり方を知らせていく。 ●がんばっている姿を十分認める。 ●体操に間に合うように着替えをするよう声をかける。	・体操服
10:00	◎体操をする。 ・ラジオ体操 ・アブラハム ・おもちゃのチャチャチャ ・お誕生日おめでとう ・ランニング	○子どもたちの前で体操をし、ようすを見ながらがんばるよう励ます。 ●バスでもどしたりおもらしをした子どもの服を洗う。	・カセットデッキ ・カセット
10:20	◎おはじまり。 ・歌『おむねをはりましょう』『おはようのうた』をうたう。 ・名前を呼ばれたら手をあげ返事をする。	●子どもたちが元気にうたっているか、ひとりひとりを観察する。 ○出欠確認をするためひとりひとりの名前を呼び、元気よく手をあげて返事ができた姿を十分認める。 ○話を聞くときは、指しゃぶりをしないように声をかける。	
10:30	◎話を聞く。 ・排せつをする。	○昨日行った遠足の話をし、楽しかったことを思い出す。 ○排せつをして手をきちんと洗ったか確認する。	
10:40	◎着替えをする。	●和式トイレの女の子を援助する。 ●ハンカチを持っていない子どもには、着替えのときに制服から体操服のポケットに入れ替えることを伝える。	
10:50	◎自由に遊ぶ。 ・ままごと、粘土あそび、クレヨンで絵をかく、ブロック、人形で遊ぶなど。	○着替えが終われば好きなあそびをしていいことを知らせ、子どもたちのやる気を出す。 ○あそびに入れない子どもには、「先生といっしょに入れてって言おうか」と誘い援助をする。 ○子どもたちがどんなあそびをしているか見回ったりいっしょに遊んだりする。 ●体操服がきちんと袋に入っているか確認する。	・ままごと（シート、お皿、食べ物） ※粘土、クレヨン、自由画帳は、それぞれ自分のロッカーから出して遊ぶ。
11:20	◎かたづけをする。	○使った物は元の場所へかたづけ、大事に扱うよう声をかける。	
11:30	◎排せつ、手洗い、うがいをする。	●台ふきんで机をふく。 ○手洗い、うがいをするよう促す。	・台ふきん

時　間	幼児の活動	保育の配慮	環境・準備
11:45	◎給食を食べる。 ・準備をする。 ・歌をうたい、あいさつをする。 ・食べる。	○気持ちを落ち着かせるため、子守歌を弾く。 ○どのくらいの量を食べているか確認する。 ○していいことと悪いことの区別をする（おはしを人に向けないなど）。 ○子どもの状態に合わせて食べる量の目標を決め、意欲をもてるようにする。	・給食 ・コップ
12:20	・あいさつをしてかたづける。	○うがいをするときは遊ばないように声をかける。	
12:30	◎排せつをする。	○バスに乗るので必ず排せつをするよう促す。 ○トラブルが起きたらどちらの言い分も聞き、どうしたらいいかを子どもたちに知らせる。	
12:45	◎降園準備をする。 ・カバン、帽子、体操服を持ってくる。 ・出席ノートにシールをはる。	○今日の日にちの所にシールをはっているか確認をする。 ○手紙を渡し、大事な物なのですぐカバンの中に入れるよう促す。	・出席シール ・クラスだより（氏名印を押し、四つ折りにしておく）
13:00	・紙芝居『ぱんをぱくぱく』を見る。 ・あいさつをする。 ◎降園する。	○紙芝居を読むときは、内容に親しみがもてるよう工夫する。 ○今日のあそびを振り返り、明日の期待へとつなげる。 ○ひとりひとりの顔を見ながら、あいさつをする。	・紙芝居『ぱんをぱくぱく』
13:15	（○○バスの子どもたち）		
13:50	（□□バスの子どもたち）		

〈園児の観察・保育の反省・感想〉

　自由あそびが子どもたちにとってどれほど魅力的なものかを感じることができた。制服、スモックに着替えるとき、保育者が「着替えが終わったら好きなあそびをしようね」と伝えたことで、子どもたちの目が輝き出した。Ｙちゃんは目をキラキラさせながら「粘土やるう」と、教えてくれた。そして急いで着替えをする姿がほほ笑ましかった。自分の意志であそびを決めることで満足感を得たり、同じあそびをする友達とかかわったりすることで刺激し合い、さらにあそびを発展させるなど、自由あそびは子どもたちの成長に欠かせないものだと思う。

　しかし、自由あそびをさせればすべての子どもが喜び、満足しているわけではないことにも気がついた。自分が何をすればいいのかわからない子ども、友達と遊びたいがどうやって輪の中に入ればいいのかわからず、少し離れた場所から友達のようすを見ている子どももいた。その子どもたちが、いつもは保育者に言われたことをすぐ理解し行動できるＹちゃんとＳちゃんだったので驚いてしまった。「何して遊びたいの？」「先生といっしょに入れてって言ってみようか」など、あそびの輪に入るときのことばを具体的に言うことで、子どもたちがスムーズにあそびに入ることができていた。先生の、子どもに合った対応の仕方はすごいと思った。

〈助言〉

　自分のあそびを見つけられない子ども、友達の中に入っていくことができない子どもに対する、個別の対応の仕方はひとりひとり違ってきます。保育者が、子どもたちの中に入り、いっしょに遊びながらしぜんな形で、あそびや友達の輪がつくれるように心がけています。

チェックポイント

　まだ入園して２か月もたっていないクラスでの実習ですから、メモを取る余裕もなかったことでしょう。それにしては、ねらいにあった記述ができています。徐々に向上を。

実習記録の例⑧ 幼稚園／4歳児

○担任の先生の配慮　●実習生の配慮

○月○日　○曜日	天候　曇り	4歳　○○組	男14名　女11名　計31名

ねらい	担任：お遊戯会の練習に楽しく参加する。 実習生：4歳児の一日の流れを知る。	指導担当者　○○　指導者印

時間	幼児の活動	保育の配慮	環境・準備
8:20	◎順次登園する。 ・先生とあいさつをする。 ・持ち物の始末をする。 ◎自由あそびをする（室内）。 ・パズル、積み木、絵をかく、ブロックなど。 ・発育測定をする（半分の子ども）。 ・話をする。	○明るく元気にあいさつをしながら受け入れをする。 ○朝の視診をする。 ●元気にあいさつをし、受け入れの手伝いをする。 ○持ち物の始末をしている姿を見守る。 ○ほかの保育者に引き継ぎをしてバスに乗る。 ●子どもたちといっしょに遊ぶ。 ○発育測定を受けるように声をかける。 ○励ましたりいっしょにかたづけたりして、意欲的にできるようにする。	・お遊戯会の練習のため、机は廊下に出しておく。 ・出席シール ・身長計、体重計
9:30	◎かたづけをする。 ◎最後のバスが到着し、登園する。 ◎排せつ、手洗いをする。	○かたづけの確認をする。 ○最後のバスの子どもたちを受け入れる。 ○出欠、牛乳券の確認をし、当番にお願いする。 ○きちんと手洗いをしているか見守る。	（部屋の見取り図：シール台、積み重ねてある、ピアノ、床にすわる、子ども、ロッカー）
9:50	◎朝の活動をする。 ・歌をうたう。『地球は僕らのものなんだ』『朝のうた』 ・先生の話と実習生の自己紹介を聞く。 ・朝のあいさつをする。 ・当番の紹介をする。 ・名前を呼ばれたら返事をする。 ・今日の活動の話を聞く。 ◎排せつをする。 ・帽子をかぶり外に出る。	○静かな曲を弾き、気持ちを落ち着かせる。 ○元気に歌をうたえるように励ます。 ●明るく自己紹介をする。 ○今日の当番はバッジをつけ、自覚がもてるようにする。 ○実習生にわかるよう、名前を呼ばれたら手をあげて返事をする。 ○日にちや天気など子どもたちといっしょにゆっくりと確認する。 ○帽子をかぶり外に出るよう促す。 ○体の調子が悪い子どもは、無理させずイスに座って見学させる。	・実習生の名札（ポケットから、大きい名札を出す）。 ・カラー帽子
10:05	◎体操をする。 ・整列をして話を聞く。 ・体操をする。 ・足ジャンケンをする。 ◎排せつ、手洗いをする。	○約束を確認し楽しく参加できるようにする。 ○前に立ち、大きな動作で子どもたちにわかりやすくする。 ●子どもたちといっしょに体操をする。 ○見学している子どもたちも楽しめるよう声をかける。 ●子どもたちといっしょに足ジャンケンをする。 ○勝った子どもから、排せつと手洗いをして部屋に戻るよう声をかける。	（部屋の見取り図：入口、客席（子ども）、ロッカー、ピアノ、舞台ビニールテープ、道具）
10:25	◎お遊戯会の練習をする。	○床にビニールテープをはり、舞台と客席がわかるようにする。	

時間	幼児の活動	保育の配慮	環境・準備
	・劇をする。 ・出番以外は座って見る。	○劇の役を楽しんでできるよう励ます。 ○道具の出し入れも自分たちでするように声をかける。 ○ほかの子どもたちががんばっているときは、静かに座って見るようにする。 ○イスを四角形に並べ、机代わりに使うことを伝える。 ●子どもや保育者のようすを観察する。	・洞くつ、宝物、缶、背景画など。
11:10	◎お弁当の用意をする。 ・イスを並べ、排せつ、手洗い、消毒をする。 ・お弁当を取りに行く。 ・ピアノに合わせ目を閉じる。 ・当番が立つ。 ・歌をうたう。『おべんとうのうた』 ・あいさつをする。	○周りに気をつけながらお弁当を取りに来るよう声をかける。 ○気持ちを落ち着かせて食べられるようピアノを弾く。 ○子どもたちの状態を見ながら、起きる合図を入れる。 ○牛乳が届いていないため、お水を入れて飲むようにする。 ○楽しく会話をしながら楽しい雰囲気で食べられるようにする。	
11:15	◎お弁当を食べる。 ・かたづけをする。 ・室内で遊ぶ。 ・発育測定をする。 ・製作をする。 ・お弁当箱をかたづける（当番）。 ・牛乳を飲む。	●いっしょに会話を交わしながら、楽しくお弁当を食べる。 ○食後は静かなあそびをして休息をとるよう声をかける。 ●当番といっしょにお弁当箱をかたづける。 ●子どもの名前を呼び、牛乳を渡す。 ○座って飲むように声をかける。	・身長計、体重計 ・製作（保育絵本付録） ・牛乳
12:15	◎かたづけをする。 ・排せつ、手洗いをする。 ・お帰りの用意をする。 ◎部分実習・絵本を見る（実習生）。 ・手あそびをする。『おむすびつくろう』 ・絵本を見る。『パンやのクルトンさん』	○慌てず帰れるよう、カバンや帽子などを出しておく。 ●手あそびをし、雰囲気が盛り上がるようにする。 ●いろいろなおむすびを、リクエストを聞きながら作って遊ぶ。 ●子どもの状態を見ながら、絵本を語り伝える。 ●子どもたちの反応を、できるだけ受け止めながら進める。	・絵本『パンやのクルトンさん』
12:30 13:10	◎お遊戯の練習をする。 ・並んで移動する（ホール）。 ・歌、合奏をする。 ・話を聞く。 ◎自由あそびをする（屋外）。 ・整列をして話を聞く。	○クラスの入れ替えがスムーズにできるよう誘導する。 ●手伝いをする。 ○気をつけることを確認し合う。 ○がんばっていることは十分認め、より意欲的に取り組めるようにする。 ○軽く体を動かして暖め、おまじないをしてけがのないようにする。 ●子どもたちといっしょに遊ぶ。	・合奏の楽器は、子どもたちの登園前に準備しておく。

先輩からのひとこと 時間が足りず焦った。帰宅してからも眠れなかった。

●実習記録の例⑧(続き)

時　間	幼児の活動	保育の配慮	環境・準備
	◎かたづけをする。	●安全に気をつけて遊ぶ。 ●いっしょにかたづけをする。	・長縄
13:30	◎帰りの活動をする。 ・ピアノに合わせて寝る。 ・歌をうたう。『こぎつね』 『おかえりのうた』 ・あいさつをする。	○今日一日を振り返り、話をする。 ○明日の予定を知らせ、期待がもてるようにする。	
13:40	◎順次降園する。		

〈園児の観察〉

　年中組の見学実習は、年長とはまた違った子どもたちの姿と配慮が見られ、とても勉強になりました。活動ごとに子どもの人数を数えている姿が印象に残りました。常に子どもの人数を把握しておくことの大切さを感じました。

　お遊戯会の練習では、複雑な動きで構成されているものを、子どもたちが踊りこなしているのには驚きました。保育者が前に出て踊らなくてもしっかり覚えていて、何種類かある体形移動も見事でした。劇は男の子が全員出演していることもあり、動きが活発で子どもらしさにあふれていると思いました。

　楽器あそびは合同練習ということで、ほかのクラスのようすもみることができました。どのクラスも真剣さが伝わってきて、演奏中だけでなく、見ている姿勢もしっかりしていました。このような経験を重ね、本番への意識が高まっていくのでしょう。

　あそびの面では、個人の差からか、ひとりあそびのような子ども、並行あそびをしている子ども、力の強い子ども、弱い子どもなど、さまざまな姿が見られました。1年後には年長児のように、協力して遊ぶようになるのかと思うと、不思議な気持ちになりました。子どもの発達はすごいと実感しました。

〈助言〉

　さまざまな角度から、子どものようす、保育者の配慮、環境の構成などが見られた見学実習だったようですね。他の保育者の保育を見て、何かを感じることは、保育を実践する以上に気づくことが多いと思います。自分の「気づき」を大事にしましょう。

　お遊戯会の練習は、1か月余りの時間をかけて、少しずつ練習を積み重ねた結果が、今の成果につながっています。長い練習期間の間、子どもたちのやる気と集中力を、持続させていくのがポイントです。部分実習は、落ち着いて子どものようすを見ながら行なっていたので、子どもたちも楽しんでいました。

チェックポイント

　お遊戯会を控えての年中組での実習。年長組から移っての初日だったせいもあり、気づきがたくさんあったようです。その中で部分実習をやらせてもらっています。お遊戯会の練習などであわただしい中で、子どもたちがほっと落ち着ける時間帯をいただいたわけですから、実習記録の感想・反省の欄に必ず残したいものです。

「自分ならどう書くか考えてみよう！」

実習記録の例⑨ 幼稚園／5歳児

○担任の先生の配慮　●実習生の配慮

○月○日　○曜日	天候　晴れ	5歳　○○組	男15名　女14名　計29名

| ねらい | 担任 | 時の記念日が近いことを知り、時計の製作をする。 | 指導担当者 |
| | 実習生 | 5歳児の子どもたちと楽しく遊ぶ。 | ○○ |

時　間	幼児の活動	保育の配慮	環境・準備
8:30	◎順次登園する。 ・あいさつをする。 ・体操服に着替える。 ・出席ブックにシールをはる。 ・持ち物の始末をする。	●4歳児○○組の担任がバスに乗っているため、そのクラスの子どもたちを手伝う。 ●シールをはっていない子どもに声をかける。	・保育室の窓をあけ、風を通す。 ・出席シール。
10:00	◎朝の活動をする。 ・手洗い、うがい、排せつをする。 ・イスを出す（女の子、男の子の順番。） ・歌『イチゴケーキ』をうたう。 ・おねむりをする。 ・歌『おはよう』をうたう。 ・当番の自己紹介。 ・実習生の自己紹介を聞く。	●手洗いやうがいのようすを見守る。 ○トラブルが起きたらお互いの思いを聞き、状況によっては我慢する必要性を知らせていく。 ●子どもたちがうたいながら、実習生を気にして見てくれるので、笑顔を返しながらいっしょにうたう。 ●明るい表情であいさつし、名前をひらがなで黒板に大きくはっきりと書く。	・排せつに行っている間に机を並べる。
10:20	◎時計を作る。 ・話を聞く。 ・針と割りピンを確認し、粘土ケースのふたに入れる。 ・針をつける。 ・牛乳パックの動物に時計をはる。 ・かたづけをする。	○自覚をもって当番の子どもたちが手伝いできるように声をかけていく。 ○ひとつひとつ確認しながら進めていく。 ○子どもたち同士で助け合って作っていけるよう声をかけ意識させる。 ○同じ机を使った子どもたちで、責任をもってきれいにかたづけをするよう促す。	・牛乳パックの動物30個 ・針（ひとり、長1短1）×30セット ・割ピン30本 ・ハサミ、粘土ケースのふた
10:50	◎体操をする。 ・整列をし、あいさつをする。 ・準備体操をする。 ・平均台、アスレチックをする。 ・鉄棒で"足ぬきまわり"をした後、固定遊具を通る。 ・登り棒を使い、"タケノコ引き抜きゲーム"をする。	○体操の指導者の話をよく聞いて動くよう声をかける。 ●子どもたちにけががないよう、平均台の所で見守る。 ○いっしょにゲームに参加し、雰囲気が盛り上がるようにする。	・平均台4台

先輩からのひとこと　チューリップのアップリケの名札をエプロンに縫いつけて行った。名前を覚えてくれた。

● 実習記録の例⑨（続き）

時　間	幼児の活動	保育の配慮	環境・準備
11:30	◎自由に遊ぶ。 ・かたづけをする。 ・手洗い、うがい、排せつをする。	●砂場でいっしょに大きな山を作る。たくさんの子どもたちが協力して作れるように、子どもたちを見守る場所に気をつける。	・砂場用スコップ ・バケツ
12:00	◎昼食を食べる。 ・準備をする。 ・当番はサンドイッチと牛乳を配る。 ・牛乳びんを洗う。 ・歌をうたい、あいさつをする。 ・食べる。 ・かたづけをする。	○牛乳の半分を入れ、残りは当番がつげるようにする。 ○歌をうたっている間に、当番の仕事が終わるよう子どもたちを励ます。 ○苦手な物も、少しずつがんばって食べるよう励ます。 ●話をしながら楽しく食べる。	・コップ ・サンドイッチ ・牛乳
12:30	◎自由に遊ぶ。 ・氷鬼、かくれんぼ、だるまさんがころんだなど。 ◎かたづけをする。 ・手洗い、うがい、排せつをする。	●異年齢の子どもたちも入り、鬼ごっこを楽しむ。年少児が楽しく遊べるようにする。 ●かたづけをして保育室に戻るよう声をかける。	
13:15 （部分実習）	◎帰りの活動をする。 ・着替えをする。 ・手紙、写真をもらう。 ・手あそび『おおがたバス』をする。 ・紙芝居『なかまはずれのペータ』を見る。 ・お帰りの歌をうたった後、あいさつをする。	○忘れ物がないか自分たちで確認するよう声をかける。 ●もう少し余裕をもち、部分実習を行なえばよかったと思う。子どもたちの顔をもっとよく見る必要があった。 ○明るくあいさつをし、明日楽しく園に来られるようにする。	・手紙 ・写真 ・紙芝居『なかまはずれのペータ』
14:00	◎順次降園する。		

〈園児の観察〉

　静かにしなくてはいけないときを、子どもたちはしっかり理解している姿が見られた。保育者の「終わった子どもは手をひざの上に置いて待っていてね。」の声に、静かに待っている姿が見られた。しっかりやるときはやる、というけじめみたいなものを、年長になれば身につけていかなければならないのだということがわかった。

〈反省と感想〉

　紙芝居の演じ方についてはまだまだ配慮不足であった。子どもたちの反応を確かめながら演じて進めていく必要があったと思う。保育をする中で、やはり子どもと同じ進度で物事を進めていくのではなく、2歩も3歩も子どもの前を行き、どうすればスムーズに物事が進むか、保育者は常に頭を回転させていなければならないと感じた。

〈助言〉

　○○先生が感じられた「けじめみたいなもの」ですが、私は、子どもたちが「今は、何をするときか」ということを考えながら、活動やあそびに取り組み、日々の生活を送っていくことができるように促していきたいと思い、常に心がけて保育をしています。その結果の現れとして、子どもたちが静かに話を聞いてくれたり、集中して製作に取り組んでくれたのではないかと思います。そういう子どもたちの気持ちにこたえる意味でも、魅力のある活動やあそびが

提供できるように、私たち保育者が、いろいろなことに興味をもち、自分自身を磨き、高めていきましょう。紙芝居を見せるときは、子どもたちの反応を見ることも大切ですが、声の調子、表情、間の取り方などのちょっとした技術を身につけておくだけで、演じ方に幅が出て、子どもたちを引きつけることができます。自分の長所（○○先生の場合は、声が大きくて、よく通ることですね）を生かしながら、演じ方を工夫してみてください。どんな保育も経験です。成功と失敗を繰り返しながら、一段ずつ階段を登るように確実にステップアップし、自分の目ざす保育者に近づいていってください。

チェックポイント

保育者の保育の中から「けじめ」の大切さを学び、部分実習から「先を予測しながら働きかける」ことの大切さに気づきました。加えてこの日のねらいである「5歳児の子どもと楽しく遊ぶ」の評価もほしいところです。午後の自由あそびの中で、何かしら気づいて考察してみるようなことがきっとあったと思います。そのことが翌日のねらいや課題につながります。

※製作・壁面などの参考イラスト

先輩からのひとこと 失敗 自分が通う学校の名を汚さないようにしないと、後輩にも迷惑がかかりますので注意。

実習記録の例⑩
施設（児童発達支援センター）

○担任の先生の配慮　●実習生の配慮

○月○日　○曜日	天候　雨	○○組	男5名　女3名　計9名

目標	室内で子どもと楽しく遊ぶ。	指導担当者 ○○
内容	体を使って遊ぶ。	

時間	乳児・幼児の活動	実習活動・配慮・準備
9:50	◎登園する。 ・荷物の始末をする。 ・着替えをする。	○保育室の環境を整える。 ○明るくあいさつをする。 ○すべて援助をするのではなく、自分でできることはできるまで見守ったり声をかけたりする。 ●あいさつをし、身振りを入れながら、いっしょに荷物の始末をする。 ○検温をし、健康状態を把握する。
10:00	◎自由に遊ぶ。 ・かたづけをする。 ◎排せつをする。	●子どもといっしょに絵本を見ながら、子どもの反応に合わせてことばがけをする。 ●かたづけができるよう、おもちゃを手渡したり、持っていくよう促したりする。 ○子どもに合わせて、早めにトイレに誘ったり、オマルに座らせたりする。
10:30	◎おはようの会をする。 ・歌をうたう。 ・名前を呼ばれたら返事をする。	○大きな声で歌をうたい、楽しい雰囲気にする。 ○じょうずに手をあげ返事ができたらたくさん褒める。 ○手をあげられない子どもは、手と手をタッチし、できたら思いきり褒める。
10:45	◎遊具で遊ぶ。 ・まわるおもちゃ、トランポリン、すべり台、マットなど。 ◎排せつをする。	●子どもの発達を考え、手足を使って遊ぶ。 ○子どもたちがわかりやすいように、3人ずつ名前を呼び、回るおもちゃに乗るようにする。 ●子どもの両手を支えながら、いっしょにトランポリンを楽しめるようにする。 ○全員が落ち着いて排せつできるよう、早めに声をかける。
11:30	◎給食を食べる。 ・手を洗う。 ・準備をする。 ・あいさつをして食べる。 ・かたづけをする。	○子どもの発達に差があるため、その子どもにあった援助の仕方をする。 ○全員がそろうまで、ペープサートをして待てるようにする。 ●スプーンやフォークを使って食べられるように、繰り返し援助をしていく。 ●じょうずに食べられたら、思い切り褒める。 ○食事を優先できるよう、ジュースは最後に渡す。 ○バランスよく摂取できるよう配慮し、苦手な物も少しずつ食べられるように声をかける。 ○あいさつをしたら食事が終わることを徹底させる。 ○楽しく歌をうたい、食後の休息がしぜんにとれるようにする。
12:20	◎ホールで遊ぶ。	●はしごで遊ぶときは、落ちてけがをしないように気をつけて見る。 ○子どもの遊んでいるようすを把握する。

時　間	乳児・幼児の活動	実習活動・配慮・準備
		○いっしょに遊び、子どもとの信頼関係をつくる。
	◎排せつをする。	
12:50	◎降園の準備をする。	○全員そろっているか人数確認をする。 ○少しでも興味をもち、落ち着いて絵本を見ることができるようにメリハリをつけて読む。 ●絵本を見ながら、声をかけていく。
13:30	◎降園する。	●いっしょに降園準備をする。 ○元気よくあいさつをする。 ○子どもと手をつなぎ、安全に気をつけながらバスまで連れて行く。

〈反省と感想〉

　今日は欠席がいなかったので、うれしく思った。体調が悪かったり気分がすぐれない子どももいたりしたが、毎日元気に登園してきてほしいものだ。子どもたちの健康管理はとても重要で、ことばでうまく伝えられない分、表情や態度で見極め、判断しなければいけない。視野を広くもち、子どものようすを観察していきたい。実習4日目、今まであまりかかわろうとしなかった子どもも、今日はいっしょに遊ぶことができ、とてもうれしかった、しつこいと思われない程度に、繰り返し名前を呼んでみた。ここでは、根気と笑顔で接することが大切だと感じた。短い期間の中で、積極的に子どもとかかわり遊んでいこうと思う。

　今日担当したP君について思ったことは、食事の介助が難しいということ。口に詰め込みすぎて、むせてしまうことが何回もあったので、よくかんで食べるということをどう伝えればよいのかわからず、戸惑ってしまった。口の中が空っぽになってから次を食べるように、何とかして伝えていきたい。

〈助言〉

　ことばでうまく伝えられない分、子どもたちは、全身で自分の思いを表現してくれます。ことば以外の表情や動作でのコミュニケーションは重要です。

　食事などの介助もその子どものことば以外の表現を感じ取り、お互いの気持ちを理解し合えるようになると、スムーズにいきます。焦らずに、子どもたちの気持ちを感じ取る努力をしてみてください。

チェックポイント

　児童発達支援センターの4日目の記録です。実習生も子どもたちも、お互いに少し慣れてきたようすがうかがえます。10日間の短い実習では、あれもこれもと欲ばるとうまくいきません。毎日の目標を決めてのぞむとよいでしょう。

　担当する子どもがいる場合には〈今日のP君〉といった欄を作ってみてください。ゆっくりと成長していく姿に気づくことができます。

施設での実習はどんな留意点があるのか、この例から考えてみよう！

先輩からのひとこと　読んだ絵本からあそびが広がったので楽しかった。簡単でリズミカルな話がよかった。

実習記録の例⑪ 施設（児童養護施設）

○担任の先生の配慮　●実習生の配慮

○月○日　○曜日	天候　雨	男5名　女5名　計10名

目標	掃除をきちんと行ない、気づいた所を整理する。誕生会を楽しむ。	指導担当者 ○○	指導者印
内容	いつもより念入りに掃除をし、清潔感を感じてもらう。誕生会に楽しく参加する。		

時間	幼児・児童の活動	実習活動・配慮・準備
7:00	◎起床する。 ・身支度を整える。 ◎朝食を食べる。 ・かたづける。	・子どもをベッドから降ろす。 ・元気よくみんなにあいさつをする。 ・マナーに注意しながら、楽しくいっしょに食事をとる。
8:00	◎学校へ行く。	・元気よく見送る。 ・掃除をする。（寝室、勉強部屋、リビング、廊下、トイレ） ・散らかっている所は整理をし、机と棚を水ぶきする。 ・子どもの忘れ物に気づき、先生に知らせ、学校へ届けに行く。 　（10:00～15:00休憩）
15:00	◎学校から帰る。 ・宿題をする。 ・間食をとる。	・元気よく迎える。 ・子どもの宿題をみて、連絡帳にサインをする。 ・学校のようすを聞きながら、楽しく間食をとる。
16:00	◎自由あそびをする。	・宿題が終わった子どもから、いっしょに遊ぶ。 ・けんかの仲裁に入り、どちらの意見も聞く。 ・洗濯物をたたみ、タンスの中に入れる。 ・今日の分の洗濯をして干す。 ・部屋にひとりでいた子どもと会話をし、楽しい雰囲気にする。 ・いろいろな子どもと会話をして楽しむ。 ・お風呂にお湯を入れる。
17:00 17:30	◎入浴をする。 ・女の子 ・男の子	・順番に入浴し、出てきた子どもといっしょに遊ぶ。 ・誕生会に参加するため、お皿とおはし、コップを持ち移動する。
18:00	◎誕生会に参加する。 ・歌をうたう。 ・夕食を食べる。（立食、バイキング）	・みんなで元気よく歌をうたい、お祝いをする。 ・立食パーティーでバイキングのため、小さい子どもにはお皿に料理をよそってあげる。 ・会話を楽しみながら食事をする。 ・皿洗いをし、ふいて食器棚に戻す。
19:00	・部屋に戻る。	
20:00	◎自由に遊ぶ。	・別の部屋で体を動かしていっしょに遊ぶ。 ・みんなと別れる。

〈観察〉

　今日は朝から雨のためか、朝の活動はみんなおとなしく見えました。Q君は今日遠足があり、雨天の場合もお弁当がいるため、おかずに注文をつけつつも楽しみにしていたようです。また、男子トイレが汚れていたらしく、掃除をしてほしいと頼まれましたが、手が離せないので自分で掃除するように言うと、文句を言いながらも掃除をしてくれました。すべて大人がやってあげる必要はないのだと知りました。

　夕方、数人の子どもたちと高鬼やトカゲあそびをしました。自分たちのつごうのいいようにルールを変え、私はいつも鬼でした。途中休憩も兼ねてピアノを弾いてあげると、子どもたちは耳を傾け、真剣に聞いてくれました。

　誕生会では、年上の子どもが年下の子どもの援助をしていたので、すばらしいと思いました。

〈反省と感想〉

　実習最後の日なので、少し寂しい気がします。この10日間は私にとって、一生の思い出になりました。急に10人の子どもたちと生活を共にするという体験は、今までの人生の中で考えられないことでした。また、今までやってきたことすべてをさらけださなければ、子どもたちと対等につき合えない、そんな場でした。大人とか子ども、女とか男など考えている暇はなく、一生懸命に子どもたちと接した10日間でした。それによって、10人の子どもたちひとりひとりが少し見えた気がします。自分に欠けていた部分はもちろんのこと、よい部分も認識することができました。ここで生活しているほとんどの子どもは、ひとりで生きていかなければなりません。強い子どもになって、がんばっていってほしいと願っています。

〈助言〉

　この10日間の実習は、○○さんの新たな自己発見につながったようですね。短い期間でしたが、子どもたちにとっても、"新しい風"が吹き込み、今までには見られなかった面を見せてくれる子どももいて、私たち職員にも新たな発見ができました。

チェックポイント

　児童養護施設での10日目、最終日の記録です。実習とはいえ、子どもたちの日常生活の中に入っていくわけですから、あまり出過ぎてもいけないし、逆に引きすぎても子どもに近づけないまま終わってしまいます。この実習生の場合は、自分をさらけだすことができ、子どもたちの中に入れたようです。実習中はメモを取りませんから休憩時や一日終わってからその日を振り返りながら記録することになります。

※製作・壁面などの参考イラスト

先輩からのひとこと　失敗　イス取りゲームは、5歳児でも難しかった。年齢に合ったあそびを準備しよう。

保育は 本当に すばらしい！

Ⅲ● 指導案を立てましょう

指導案の考え方

指導案を立てることにより…
- 自分の考えている保育を、より具体的にイメージできます。
- 担当や、ほかの先生からの指導が受けやすくなります。
- 心の準備ができます。

　指導案の立て方は、生活の流れ（昨日から今日、今日から明日）を大切にし、実習中に観察したり理解した子どもの活動の姿を思い出しながら、場のつくり方、必要な遊具・用具の数やその配置、保育者のかかわり方などを具体的に記入します。園やクラスの年間計画や月案、週案からかけ離れないよう、早めに担任に相談してみましょう。

※指導案の立て方は、実習園や担当の保育者の考え方によっても指導が異なります。立案の前に様式や内容をよく打ち合わせてください。

先輩からのひとこと ヤッター　いろんな保育者に出会えたと思う。個性をもちながら子どもへの思いをともにしていた。

指導案の立て方

指導案／幼稚園　部分実習　責任実習　5歳児　○月○日（○）実施　指導担当者：○○○○

主活動の内容	パネルシアター「三びきのやぎ」を見る。		主活動の環境構成
ねらい	・パネルシアターの楽しさを友達といっしょに味わう。 ・繰り返しを楽しんだり、仕掛けに興味をもつ。 ・ヤギとトロルの掛け合いを楽しみながら、知恵を働かせたり勇気をもつことの大切さを知る。		（図：絵人形、机、パネル、床に座る、1m、見えにくい、後列の子はイスに座る）

時間	乳児・幼児の活動	保育の配慮	環境・準備
11:20	◎パネルシアター用ステージの前に集合して座る。 ・手洗いのすんだ子どもから集まる。 ・保育者の指示により、順に座る。 ・手あそび『さかながはねて』をする。	・全員集まったか確認し、保育者の影になってパネルが見えにくくなっている子どもを、見えやすい位置に移動させる。 ・手あそびはしぜんにまねができるように動作を大きくゆっくり行なう。 ・何回か手あそびをしたら最後であることを知らせ、子どもたちが落ち着けるようにする。	・パネルシアター『三びきのやぎ』 ・絵人形（前もって順番にそろえておく）。 ・舞台 ・入室した子どもが興味をもつように、外あそびの間にパネルを設置しておく。
11:25	◎パネルシアター『三びきのやぎ』を見る。 ・最初にパネルに出てくるヤギに興味をもつ。 ・パネルシアターを見ながら、ヤギとトロルがうたう場面はいっしょにうたう。 ・ヤギとトロルの掛け合いにさまざまな思いをもつ。 ・大きなヤギとトロルの戦いを応援する。 ・大きなヤギが勝ったことを喜び合う。	・パネルが見えるかもう一度確認する。 ・子どもたちに「ヤギさんは見たことある？」と、問いかけ、反応を見てから導入を始める。 ・子どもたちが話の内容を理解できるように、速さなどを考えながら進めていく。 ・登場する動物になったつもりで演じたりうたったりする。 ・パネルシアターを全員で楽しめるように、2回目以降の歌のときは「いっしょにうたってみよう」とことばをかける。 ・絵人形を出したりはずしたりする操作を、タイミングよく行ない、語りかけて内容を生かしながら進めていく。 ・参加意識を高めるために「皆も大きなヤギを応援して」とことばをかける。 ・大きなヤギが勝ったときに「みんなが応援してくれたから大きいヤギさんきっと心強かったね」とことばをかけ、満足感が得られるようにする。	・パネルが倒れないように、クラフトテープでしっかりとめておく。
11:40	◎拍手をする。 ・仕掛けに興味をもつ。	・三匹のヤギの、草を食べて大きくなったおなかを出し、最後は「おしまい」で話を締めきり、終わりをはっきりさせる。 ・仕掛けに興味をもった子どもは、二枚重ねを実際にやってみないかと呼びかけてみる。	・絵人形を子どもに出してあげる。
11:50	◎昼食の準備をする。	・「みんなもおいしいご飯を食べたくなっちゃったね。お弁当の用意をしようね」と言って、昼食の準備を促す。	・パネルと作品をかたづける。

Ⅲ●指導案を立てましょう

②主活動の内容

〈例〉
・砂場で遊ぶ。
・紙芝居「お山のカラス」を見る。

実習中の子どもの活動を見て、どのようのことを経験させたいか(この経験する内容は保育者の指導する内容にもなります)。時季や行事との関連性、子どもが興味をもって取り組む活動内容など。

③主活動の環境構成

〈例〉
・前から順に座るよう指示し、じゅうたんに座れなかった後ろの子どもには、イスを出して座るように促す。
・保育者の陰になってパネルが見えにくい右端の子どもを見えやすい位置に移す。

主活動を行なうに当たっての人的、物的、活動を行ないやすい雰囲気などを、図や文章で示します。

①ねらい

・全体的なねらい
・活動そのもののねらい
・子どもに育てていきたい「心情・意欲・態度」などの中から3つくらい考える。
・年齢、発達、生活経験考慮
・子どもの立場で書いてみる。

〈例〉
〈子どもの立場のねらいの表現〉
・素材に親しみ、作ってみたいという意欲をもつ。
〈保育者の立場のねらいの表現〉
・素材に興味をもたせ、創作の意欲を引き出す。
※いずれにしても、どちらかの立場に統一する。

責任実習をするクラスの月案や週案のねらいと照らし合わせるなどしてみましょう。

保育の配慮

保育の展開、指導をする上での留意点、配慮や援助などを書きます。
・保育者の一方的な指導手順だけにならないように注意します。
・具体的なことばがけが入ってもよいが、どんな配慮でかけられているのかを記述します。
〈例〉・満足そうな表情の子どもには、「野菜たっぷりのカレーライスはおいしかったね」とか「力がわいてきたでしょう」といって共感してあげる。
※事前に子どもの発達、日常の子どもの姿をよく理解していると、保育をイメージしやすい。

活動の展開にそって、子どもたちがねらいを身につけていくには、どのように援助をすればよいか、どんな援助が必要かを書きます。担任の保育者の配慮の仕方を参考にして、考えてみましょう。

時　間

〈例〉10:20◎折り紙「カメラ」を折る。
　　　　　・説明を聞きながら…
　　　10:40◎折ったカメラで遊ぶ。
　　　　　・友達や保育者など…
　　　10:50◎カメラを持って園庭で遊ぶ。

活動時間は大まかな目安で、活動の変わり目に記入します。

指導案チェックのポイント

①主活動に選んだ題材の妥当性はどうですか。
②「ねらい」は、対象年齢の子どもに適切ですか。
③1日の流れを意識していますか。
④活動の時間は適切ですか。
⑤環境の構成や準備が十分でき、活動がスムーズに行なえそうですか。
⑥活動の形態はどのように考えていますか。
⑦導入、主活動の展開、まとめの方法は適切ですか。
⑧配慮は子どもの年齢やねらいなどを十分考慮したものですか。
⑨ことばがけはていねいで適切ですか。
⑩書き方、用語、見やすさはどうですか。
⑪自分だけがわかる内容になっていませんか。
⑫誤字・脱字はありませんか。

乳児・幼児の活動

◎印は活動の中でも、大枠でくくれる活動。
・印は上記の活動で付随して出てくる活動。
見やすくするために、◎印と・印に続く文章をそろえます。
〈例〉◎集合して座る。
　　　・手洗いのすんだ子どもから集まる。
　　　・保育者の指示により、順に座る。
　　　◎保育絵本「かたつむり」を見る。

毎日観察した子どものようすや、1日の生活の流れを思い起こしながら書きましょう。

環境の準備

活動がスムーズに行なえたり、発展したりするような環境を準備します。
〈例〉・入室して子どもが気づくように、外あそびの間に、見本のパクパク人形をいくつかテーブルの上に出しておく。
※準備は、子どもの発達や経験、興味などを考慮してする。

子どもたちがその日のねらいを身につけていくには、どのような環境を用意すればいいかを考えます。
また、事前に準備しておく物、準備したものをどこにおくか、材料はいくつ用意するか個数まで書きます。

先輩からのひとこと 失敗 低年齢児クラスでは特にオムツ交換のときも、ほかの子どもが見える位置にいるようにと注意。

部分実習指導案の例① 保育園／1歳児

○月○日（○）実施　　指導担当者：○○○○

主活動の内容	絵本『いないいないばあ』を見る。
ねらい	・絵本に親しみをもつ。 ・実習生といないいないばあを楽しむ。

主活動の環境構成：
ウレタンブロック
子どもたちも いない いない ばあで 遊べるように 間を あける

時間	乳児・幼児の活動	保育の配慮	環境・準備
3:40	◎保育室中央に集まる。 ・歌をうたう。 『ことりのうた』	・歌をうたうことで、子どもたちの気持ちが落ち着くようにする。 ・子どもたちの場所から絵本が見えるか確認をする。	
3:45	◎絵本を見る。 『いないいないばあ』 ・動物を見たり声を出したり、指さしをしたりする。 ・いないいないばあをする。	・絵本の表紙をじっくり見せ、期待がもてることばがけをする。 ・子どもたちの表情やようすを見ながらゆっくり進めていく。 ・声に変化をつけ、楽しく見られるようにする。 ・「次は何の動物が出てくるかな？」と声をかけ、期待が高まるようにする。 ・絵本に出てきたいないいないばあをいっしょに楽しむ。 ・じょうずにできたことを認め、楽しさが感じられるようにする。	・絵本『いないいないばあ』 ・子どもたちからよく見えるように、ウレタンブロックに座る。
3:55			

チェックポイント

　この活動は時間からみて、お迎え前のようです。1日の終わりですから、無理のない楽しい題材が選ばれています。ねらいもよいでしょう。展開では、活動の終わり方をもう少しはっきりイメージしておくとよいでしょう。例えば「くまさんばいばい。おともだちもばいばい。またね。ばいばい…」などです。活動の締めくくりが意外とできないものです。

自分が何を感じ取れるかが大切！

部分実習指導案の例②
保育園／3歳児

○月○日（○）実施　　指導担当者：○　○　○　○

主活動の内容	絵本『そらまめくんのベッド』を見る。		主活動の環境構成
ねらい	・やさしくすることの大切さを知る。 ・そらまめくんのベッドと他の豆たちのベッドの大きさの違いに気づく。 ・うずらの子どもが誕生する場面で応援し、産まれた喜びを感じる。		（アケル／布団／実習生イス／アケル の配置図）

時間	乳児・幼児の活動	保育の配慮	環境・準備
12:05	◎排せつをする。 ・自分の布団の上に座る。 ・手あそび『小さな庭』をする。	・排せつをした子どもは、布団の上で静かに待つよう声をかける。 ・子どもたちが集中して話が聞けるよう、楽しい手あそびをする。 ・後ろの子どもは前に出てくるように伝える。	・カーテンを一部あけて、適度な明るさにする。
12:15	◎絵本を見る。 『そらまめくんのベッド』 ・うずらに応援の声をかける。 ・自分の布団に戻る。	・「みんなはそら豆ってどんなものか知っていますか？」と、話しかけながら導入をしていく。 ・内容の一部を知らせ、子どもたちが興味をもって絵本を見られるようにする。 ・そら豆くんがベッドを貸さない場面では、少し強調して語り、後の話し合いにつなげるようにする。 ・ベッドの大きさを比較する場面では、「このベッドは小さいね」など強調し、大きさの違いに気づけるようにする。 ・うずらが卵を温めている場面では、「うずらさんは何をしているのかな？」などと声をかけ、その場面に関心がもてるようにする。 ・卵が割れはじめる場面では、「みんなでがんばれって応援しようか」を声をかけ、気持ちを感じられるようにする。 ・産まれた場面では、「みんなが応援したから無事産まれたよ」と話しかけ、いっしょに喜べるようにする。 ・読み終わったら、物を貸してあげるやさしさについて話し、「みんなもそんなやさしいお友達になろうね」と約束をする。 ・「そら豆くんたちのように気持ちよくお昼寝しようね」と締めくくり、午睡に誘う。	・絵本『そらまめくんのベッド』 ・イス1脚 ・カーテンを閉め、照明を消す。
12:30	◎午睡をする。		

チェックポイント

こちらは午睡前の絵本の語り伝えです。環境の配慮も展開上の配慮もしっかりできています。これだけしっかりイメージしてあると、たとえ子どもたちから違った反応があっても、落ち着いて対応できます。ねらいが少し高度に感じるかもしれませんが、一度絵本を見ただけで、このねらいが達成されるという意味ではありませんから、これくらいでもよいでしょう。

先輩からのひとこと
ヤッター「あなたの笑顔のあいさつはホントにいいわねぇー」と言っていただき、うれしかった。

部分実習指導案の例③
幼稚園／3歳児

○月○日（○）実施　　指導担当者：○　○　○　○

主活動の内容	紙芝居『ざりがにマッカチン』を見る。	主活動の環境構成
ねらい	・紙芝居を見て内容を楽しむ。 ・ザリガニに興味をもつ。	実習生立つ／舞台／ウレタンブロック／子どもイスに座る／イスを正面に向ける

時間	幼児の活動	保育の配慮	環境・準備
14:00	◎お帰りの準備をする。 ・カバンと帽子と体操着を持ちイスに座る。 ・手あそびをする『げんこつやまのたぬきさん』。 ・歌をうたう『かたつむり』。	・自分でしようとする姿を大切にしながら、必要なときは援助する。 ・話を聞きやすくするため、イスを前に向けるよう声をかける。 ・全員がそろうまで手あそびをして楽しく待てるようにする。 ・歌をうたい子どもたちが落ち着くようにする。	・はり紙台にウレタンブロックを置き、その上に舞台をのせる。
14:05	◎紙芝居を見る。 ・話を聞く。 ・紙芝居『ざりがにマッカチン』を見る。	・始める前にザリガニに関するクイズを出し、紙芝居に興味がもてるようにする。 ・紙芝居が見えるか子どもたちの位置を確認する。 ・内容がわかるよう、声や読む速さを工夫する。 ・読み終わったら内容を振り返るとともに、保育室にいるザリガニに興味がもてるようにする。	・紙芝居『ざりがにマッカチン』
14:20	◎歌『おむねをはりましょう』『おかえりのうた』をうたい、お帰りのあいさつをする。	・今日の活動を思い出し、明日へ期待がもてることばがけをする。 ・元気にあいさつをして、楽しい雰囲気で帰れるようにする。 ・名前を呼んでバスの順に並ぶようにし、人数確認の後バスに乗せる。	
14:30	◎バスに乗る。		

チェックポイント

　降園前の活動の部分実習です。この場合には紙芝居も見ますが、その後の明日に期待をもって子どもたちが降園していくことも大切な内容です。明日に期待がもてるようなことばがけとはどんなことなのか、もっと具体的に記しておくとよいでしょう。ねらいは、紙芝居の内容的なねらいが必要ですし、3つ目には「明日への期待をもって元気に降園する」という、降園前の全体のねらいがあってもよいでしょう。

自分が保育をするつもりで読んでみよう！

部分実習指導案の例④
幼稚園／5歳児

○月○日（○）実施　　指導担当者：○　○　○　○

主活動の内容	絵カード『ピコピコテレパシー』で遊ぶ。
ねらい	・絵カードを友達といっしょに楽しむ。 ・次は何のカードが出てくるか期待をもって遊ぶ。 ・自分の意志をポーズではっきりと示して、結果を喜び合う。

主活動の環境構成（図）

時間	幼児の活動	保育の配慮	環境・準備
11:45	◎実習生の説明を聞く。	・絵カードが入っているバッグを見せ、中に入っている物は何か期待をもたせる。 ・子どもの声を聞いた後、ゲームに使うカード（食べられるもの食べられないもの）が入っていることを知らせる。	・絵カード6枚 ・絵カードを入れるバッグ ・チョーク ・マグネットクリップ
	・いっしょに○と×のポーズをやってみる。	・遊び方の説明をし、ゆっくりやってみようと声をかける。（黒板に1枚のカードを裏返してはる。『ピコピコテレパシー』の歌をうたいながらテレパシーを送り、ハイポーズの合図で、食べられるものと思ったら○、食べられないものと思ったら×を出す（最後にカードをひっくり返す）。	
	・問いかけにこたえる。	・子どもたちの反応を見て、わかったようならそのまま続け、まだ悩んでいるようならもう一度わかりやすく説明をする。	
11:50	◎絵カード『ピコピコテレパシー』で遊ぶ。 ・動作をまねする。 ・歌をうたいながらテレパシーを送る。 ・○×を出す。 ・食べられるか食べられないかをこたえる。	・絵カード5枚をはり、その上に1から5まで数字を書き、「順番に当てっこしよう」と誘いかける。 ・明るく、大きく、はっきりとうたったり動作をする。 ・「いち、にの、さん！」とかけ声をかけて、期待をもたせて裏返す。 ・当たった子どもには拍手を、はずれた子どもには「2回戦でがんばろうね」などと励まして進める。	・おいしいもの、食べられないものをランダムにはり、裏返す。
12:00	◎話を聞く。	・最後に何枚当てられたか聞き、満足感が味わえるようにする。 ・「みんなのお弁当にはどんなものが入っているかな？」と声をかけ、お弁当につなげる。	

チェックポイント

5歳児の計画です。これでよくできています。ただ実際にやってみると、意外と説明の仕方が難しかったり、子どもたちの反応への対応がうまくできなかったりします。計画には書かなくてもよいので、説明を声に出して練習したり、さまざまな反応を予想して、受けこたえも練習してみましょう。時間も予想よりも意外とかかるかもしれません。

先輩からのひとこと（失敗）　子どもの名前を呼んでから話をするようにしてくださいと言われました。

部分実習指導案の例⑤
施設（児童発達支援センター）

○月○日（○）実施　　指導担当者：○　○　○　○

主活動の内容	実習生のグループワーク『おおきなかぶ』の人形劇を見る。	主活動の環境構成	先生がたにご相談をしてから決定。
ねらい	・人形劇や手あそびを、それぞれに楽しむ。		

時間	子どもの活動	保育の配慮	環境・準備
10:30	◎プレイルームに集まる。 ・歩いたり車椅子などで移動する。 ・座る	・車椅子に乗せたり抱きかかえたりして、ことばをかけながら移動する。 ・援助の必要な子どもは保育者のそばになるように、座る場所を考える。	・プレイルームにイスとソファー、枕を用意する（先生がたにご相談をする）。
10:45	・返事をしたり手を挙げたりする。	・全員が集まったか確認する。 ・歌をうたいながら子どもの名前を呼び楽しい雰囲気にする。 ・ひとりで返事のできない子どもには、手を添えたり代わりに返事をしたりし、子どもたちの状態に合った援助をする。 ・【援助のふたり】少しでも友達に関心がもてるよう、返事をした子どもの所にチョウチョを飛ばす。 ・【人形のふたり】始める前に、人形劇に出てくるおじいさんを使い、少しでも興味が示せるように話をする。	（折り紙でつくる／割りばし）
11:00	◎人形劇『おおきなかぶ』を見る。 ・リボンテープを持ち、いっしょに引っ張る。	・【人形劇のふたり】大きな声ではっきりとしゃべり、子どもたちが聞き取りやすいようにする。 ・【人形劇のふたり】人形を通して、子どもたちに話しかけたり近づいたりして楽しめるようにする。 ・【人形劇のふたり】内容に合った手あそびを、話が終了してからではなく途中に取り入れることで、飽きることなく見られるようにする。 ・【援助のふたり】テープを持ったり動かしたり声を出したりするのが難しい子どもには、肩や手に触りこちらが声を出していっしょに楽しむ。	・チョウチョのついた棒 ・おじいさんの人形 ・おばあさんの人形 ・娘の人形 ・シーツで作ったカブ ・カブにリボンテープを3本つけておく（4〜5m）。 （シーツ／緑色のリボンテープ4〜5m） 大型ポリ袋に新聞紙を丸めて入れてシーツでくるむ
11:25	・手あそび『おおきなかぶ』をする。 ◎排せつに行く。	・最後にもう一度手あそびをして、人形劇が楽しい雰囲気のまま終われるようにする（援助のふたりは前に出て振り付けをする）。	

※「職員のかたの援助」欄は、先生がたにご相談の後、つけるようにします。

チェックポイント

児童発達支援センターのグループワーク（4人）の指導原案です。よく知られたお話で、工夫も見られて楽しくできそうです。ただ、このような活動は実習生だけでできるものではありません。この次の段階として、担当の先生と職員の先生がたの援助を細かく打ち合わせる必要があります。全員の協力のもとに、このグループワークが行なわれることになります。

責任実習指導案の例① 保育園／3歳児

※この指導案での保育をした後の記録を、94〜97ページに掲載しています。関連づけて参考にしてください。

○月○日（○）実施　　指導担当者：○　○　○　○

主活動の内容	『オオカミと子ブタ』の鬼ごっこをする。	主活動の環境構成
ねらい	・絵本の主人公になって楽しむ。 ・体を十分に動かして遊ぶ。 ・友達といっしょに遊ぶ楽しさを知る。	〈ホール〉わらの家／木の家／ビニールテープ／レンガの家／オオカミ／入口

時　間	乳児・幼児の活動	保育の配慮	環境・準備
8:30	◎それぞれ登園する。 ・出席ノートにゴム印を押す。 ・カバンをロッカーにかける。 ・タオルをかける。 ・ブロックで遊ぶ。	・早朝保育に来ている子どもを迎えに行き、元気よくあいさつをして保育室に戻る。 ・ひとりひとりに笑顔で明るくあいさつをし、1日を楽しく過ごせるようにする。 ・5分前に「あと少しでおかたづけです。」と知らせ、気持ちが切り替えられるようにする。	・保育室の窓をあけ、換気をしておく。 ・机の上にゴム印と通園簿携帯ケースを置いておく。 ・保育室にブロック（2箱）を出す。
9:05	◎かたづけをする。	・「みんなかたづけがじょうずだね」と、子どもたちの姿を認め、意欲的にかたづけができるようにする。	
9:15	◎排せつをする。		
9:20	◎朝の会をする。 ・『ぞうさん』『朝の歌』をうたう。 ・あいさつをする。 ・出席確認をする。 ・当番の紹介。	・排せつをすませた子どもが、楽しく待てるよう歌を繰り返してうたう。 ・元気よく歌がうたえるようことばがけをする。 ・「みんな朝ご飯食べてきたかな？　名前を呼ばれたら元気に返事をしてね。」と呼びかける。	・排せつをしている間に製作の準備をする。 ・机○台、人数分のイスを出す。
9:30	◎絵本『三匹のこぶた』を見る。 ・手あそび『こぶたが家をたて』をする。	・絵本を見せて、お話に興味がもてるようにする。 ・繰り返しのパターンをリズミカルに読み、楽しめるようにする。 ・次の活動につながるよう手あそびをする。 ・鬼ごっこに必要なブタの絵を見せ、期待が高まるようにする。	・絵本『三匹のこぶた』
9:45	◎製作をする。 ・クレヨンを取りに行く。 ・絵をもらう。 ・色を塗る。 ・かたづけをする。 ・絵を渡す。 ◎排せつをする。	・女児からクレヨンを用意し、混雑しないようにする。 ・ふたと箱を合体させ、輪ゴムは腕に通すことを伝える。 ・じょうずに塗っていることや色づかいを工夫していることなど、子どもたちの姿を見ながらことばをかける。 ・全員が色を塗れたことを確認し、かたづけに入るようにする。 ・リボンをつけるため、ブタの絵を保育者に渡すよう声をかける。 ・全員排せつをしているか確認をする。	・ブタの絵○枚、クレヨン○セット、製作シート○枚、リボン○本、厚紙 リボンは結んでおく

先輩からのひとこと　ヤッター　イラストが得意な私は、子どもに人気のキャラクターなどをかいてあげられた。

●責任実習指導案の例①(続き)

時　間	乳児・幼児の活動	保育の配慮	環境・準備
10:00	◎鬼ごっこをする。 ・ホールへ移動する。 ・ペンダントをつけ、話を聞く。 ・座ってルールを聞く。	・ドアの前に並び、鬼ごっこのルールを説明して興味をもたせる。 ・リボンをつけたペンダントを渡し、首にかけることを伝える。 ・ホールでルールを再確認し、三種類の家を床にはる。	・子どもと鬼ごっこの家、ペンダントを入れるかごを用意する。 ・ビニールテープ(あらかじめはっておく) ・セロハンテープ
10:10	・遊ぶ。	・オオカミに捕まった子どもたちといっしょに家を決め、楽しめるようにする。 ・時間と子どものたちのようすを見て、「最後の１回だよ」と伝え、終わりを知らせる。 ・ペンダントは保育者が預かり、降園時におみやげにすることを伝える。	
10:25	・午睡室へ移動する。 ・布団を敷く。 ・排せつ、手洗いをする。	・ひとりずつ名前を呼び、子どもが布団を運びやすいように渡す。 ・敷き終わった子どもから排せつと手洗いをするよう声をかける。	・消毒液を用意する。
10:50	◎給食の準備をする。 ・当番はエプロン、三角巾をつける。 ・食器を配る。	・当番としての自覚・自信がもてるよう励ます。 ・姿勢を正し、元気よくあいさつをするように声をかける。	・エプロン、三角巾を出す。
11:30	◎給食を食べる。 ・あいさつをして食べる。 ・あいさつをしてうがいをする。 ・着替えをする。 ・排せつをする。 ・手あそびをする。	・こぼさないよう前を見て食べることを伝える。 ・スムーズにかたづけられるよう順番に名前を呼ぶ。 ・着替え終わった子どもは、ほかの子どもたちを手伝うよう声をかけ、友達とのかかわりがもてるようにする。 ・全員が排せつを終えるまで、楽しく手あそびをして待つようにする。	・机、イスをかたづける。 ・晴れた場合、ベランダにござを４枚敷く。
12:30	・絵本『おやすみなさいコッコさん』を見る。	・読み方を工夫し、午睡へ向けて気持ちが落ち着くようにする。	
12:45	◎午睡室に移動して寝る。	・添い寝をし、安心して眠れるようにする。	・午睡中におやつの準備(イス、机)をする。
14:35	◎目覚める。 ・布団をたたむ。 ・排せつをする。	・がんばって布団を持ってくるよう励ます。 ・女の子は午睡室で、男の子は保育室で排せつをするよう伝える。	
14:45	◎保育室に戻り、手を洗う。 ・着替えをする。	・友達を手伝うよう声をかけ、かかわりを大切にできるようにする。	

時　間	乳児・幼児の活動	保育の配慮	環境・準備
14:55 15:10	◎おやつを食べる。 ・当番が準備をする。 ・あいさつをして食べる。 ・あいさつをしてかたづける。 ・うがいをする。	・食べるときは姿勢を意識できるようにする。	
15:40	◎降園準備をする。 ・タオル、おたよりホルダーをかばんに入れる。 ・紙芝居『みて！みて！ぼくの歯』を見る。 ・子ブタのペンダントをもらう。	・持ち物をかばんに入れているか、ひとりひとり確認をする。 ・「みんながうがいをするよね。うがいをすると口の中のゴミがとれて、ピカピカの歯になるんだよ。歯磨きはもっとすごいんだよ。」と、歯に興味がもてるようにする。 ・読み終わったら、「虫歯にならないためにも、ちゃんとうがいをしようね。」と約束をする。 ・ひとりひとりのペンダントを見せながらがんばりを認め、満足感がもてるようにする。	・机の上に全員の連絡帳を並べる。
16:00	◎降園する。 ・ホールで延長保育に参加する。	・延長保育に行く子どもたちを確認し、並んでホールに移動することを伝える。 ・引き継ぎを行ない、元気よくあいさつをする。	

チェックポイント

保育園での1日の責任実習はたいへんです。時間が長いだけでなく、1日の流れや静的な活動と動的な活動、室内と屋外のバランス、給食やおやつ、午睡の時間なども意識しなくてはいけません。お天気によっても変わります。その中でうまく計画されています。保育室の設定は図で示しておくと、机の出し入れのときに戸惑わないですみます。

※製作・壁面などの参考イラスト

先輩からのひとこと 失敗　異年齢が集まっている延長のときは、簡単なものでないとあそびが成立しない。

責任実習指導案の例①の後の記録
保育園／**3歳児**

※91〜93ページの指導案での保育をした後の記録です。関連づけて参考にしてください。

○月○日 ○曜日	天候 晴れ	3歳 ○○組	男9名 女8名 計17名

指導担当者 ○○　指導者印

ねらい	・絵本の主人公になり、体を十分に動かして遊ぶ。 ・友達といっしょに遊ぶ楽しさを知る。

時間	乳児・幼児の活動	保育の配慮	環境・準備
8:30	◎それぞれ登園する。 ・出席ノートにゴム印を押す。 ・カバンをロッカーにかける。 ・タオルをかける。 ・ブロックで遊ぶ。 ・ままごとで遊ぶ。	・早朝保育に来ている子どもを迎えに行き、元気よくあいさつをして保育室に戻る。 ・ひとりひとりに笑顔で明るくあいさつをし、1日を楽しく過ごせるようにする。 ・保護者に家庭でのようすを聞き、視診をする。 ・保護者に「いってらっしゃい」と子どもといっしょに声をかけ、気持ちが切り替えられるようにする。	・保育室の窓をあけ、換気をしておく。 ・机の上にゴム印と出席ノート入れを置く。 ・保育室にブロック（2箱）を出す。 ・ままごとセット
9:20	◎かたづけをする。	・「かたづけようね」と、声をかけ、全員が協力してできるようにする。	
	◎排せつをする。	・手洗いや手ふきができているか見守る。	・排せつをしている間に製作の準備をする。 ・机4台、人数分のイスを出す。
	◎朝の会をする。 ・『ぞうさん』をうたう。 ・『朝の歌』をうたい、あいさつをする。 ・出席確認をする。	・排せつをすませた子どもが、楽しく待てるよう歌を繰り返してうたう。 ・「みんな朝ご飯食べてきたかな？　元気にうたってね」と1日の活動の始まりを感じられるようにする。 ・「名前を呼ばれたら元気に返事をしてくださいね」と呼びかける。	
9:40	◎絵本『三匹のこぶた』を見る。	・「みんなが大好きな絵本を持ってきました」と絵本を見せ、興味がもてるようにする。 ・「三匹の子ブタの鬼ごっこをするよ」と活動に期待がもてるように話をする。 ・鬼ごっこに必要なブタのペンダントを首にかけてみせ、気持ちを盛り上げる。	・絵本『三匹のこぶた』。
	◎製作をする。 ・クレヨンを取りに行く。 ・絵をもらう。 ・子ブタの顔に色を塗る。 ・かたづけをする。 ・手あそび『こぶたが家をたて』をする。 ・絵を渡す。	・女児からクレヨンを用意し、混雑しないようにする。 ・クレヨンのふたと箱の底を重ね、輪ゴムは紛失しないよう腕に通すことを伝える。 ・じょうずに塗っていることや色づかいを工夫していることなど、子どもたちの姿を見ながらことばをかける。 ・色が塗れた子どもから集めて、リボンをつける。 ・裏に名前を書いてあげる。 ・全員が色をできたことを確認し、かたづけに入るようにする。	・ブタの絵17枚、クレヨン17セット、製作シート17枚、リボン17本 ※余分も用意しておく。
	◎排せつをする。	・全員排せつをしているか確認をする。	

時　間	乳児・幼児の活動	保育の配慮	環境・準備
10:15	◎鬼ごっこをする。 ・ホールへ移動する。 ・ペンダントをつけ、ルールを聞く。 ・もう一度ルールを聞く。 ・『オオカミと子ブタ』の鬼ごっこで遊ぶ。	・ドアの前に並び、鬼ごっこのルールを説明して興味をもたせる。 ・リボンをつけたペンダントを渡し、首にかけることを伝える。 ・3種類の家を見せ、わかりやすくルールを知らせ、子どもたちに確認をする。 ・オオカミに捕まった子どもたちといっしょに考えながら家を決め、楽しめるようにする。 ・家を3色に塗っておき、それぞれの家をわかりやすく伝える。 ・移動の時間になったので、「最後の1回だよ」と伝え、終わりを知らせる。 ・ペンダントは保育者が預かり、次の活動がしやすいように配慮する。	・子どもと鬼ごっこの家（わら、木、レンガ）、ペンダントをかごに入れて、ホールへ。 ・セロハンテープ
10:35	・午睡室へ移動する。 ・布団を敷く。	・一度しか名前を呼ばないことを伝え、集中して話が聞けるようにする。 ・ひとりずつ名前を呼び、子どもが布団を運びやすいように渡す。	
10:45	・排せつ（女の子は午睡室、男の子は保育室）、手洗いをする。	・敷き終わった子どもから排せつと、石けんで手洗いをするよう声をかける。	・消毒液を用意する。
11:00	◎給食の準備をする。 ・当番はエプロン、三角巾をつけ食器を配る。	・当番としての自覚・自信がもてるような声かけをして励ます。	・エプロン、三角巾を出す。 ・おしぼり入れを出す。
11:20	◎給食を食べる。 ・当番があいさつをする。 ・食べる。	・今日のおかわりの種類を伝え、たくさん食べるようことばがけをする。 ・昨日の雨でベランダがぬれているので、室内で着替えるよう伝える。	
11:50	・かたづけをする ・あいさつをしてうがいをする。 ・着替えをする。 ・排せつをする。 ・手あそび『こぶたが家をたて』をする。	・スムーズにかたづけられるよう順番に名前を呼ぶ。 ・着替え終わった子どもは、ほかの子どもたちを手伝うよう声をかけ、友達とのかかわりがもてるようにする。 ・手伝ってくれている子どもに感謝の声かけをする。 ・全員が排せつを終えるまで、楽しく手あそびをして待つようにする。	・机、イスをかたづける。 ・床をほうきで掃き、ぞうきんでふく。
12:20	・絵本『おやすみなさいコッコさん』を見る。	・ゆっくり、静かに語りかけ、午睡へ向けて気持ちが落ち着くようにする。	

先輩からのひとこと　実習時間以外の早朝などにも、積極的に子どもにかかわることができたと思う。

● 責任実習指導案の例①の後の記録（続き）

時　間	乳児・幼児の活動	保育の配慮	環境・準備
12:40	◎午睡室に移動して寝る。	・眠れない子どもに添い寝をし、安心して眠れるようにする。	・午睡中におやつの準備（イス、机）をする。
14:30	◎目覚める。 ・布団をたたむ。 ・排せつをする。	・今日は布団を持ち帰るため、ござの上に置くことを伝える。 ・女の子は午睡室で、男の子は保育室で排せつをするよう伝える。	
14:40	◎保育室に戻り手を洗う。 ・着替えをする。	・友達を手伝うよう声をかけ、ひとりひとりによくできたと認めてあげる。 ・延長保育の子どもたちは、着替え袋をかばんに入れるよう声をかける。	
14:55 15:20	◎おやつを食べる。 ・当番が準備をする。 ・あいさつをしてたべる。 ・あいさつをしてかたづける。 ・うがいをする。	・食べるときは姿勢が悪くならないように、決まりの呪文をかける。	・おやつ
15:40 15:50	◎降園準備をする。 ・タオル、出席ノートをかばんに入れる。 ・手あそび『こぶたが家をたて』をする。 ・紙芝居『みて！みて！ぼくの歯』を見る。 ・子ブタのペンダントをもらう。 ・話を聞く。	・持ち物をかばんに入れているか、ひとりひとり確認をする。 ・紙芝居を通して自分の体に興味をもてるようにし、きちんとうがいをするようことばをかける。 ・全員に見せることでほかの子どもたちのペンダントにも関心がもてるようにする。 ・がんばって作ったことが、子どもたちの自信につながっていくよう全員で拍手をする。	・机の上に全員の連絡帳を並べる。 ・机とイスをふき、かたづける。 ・床をふく。 ・紙芝居『みて！みて！ぼくの歯』。
16:05	◎降園する。 ・ホールで延長保育。	・ひとりひとり名前を呼び、延長保育に行く子どもたちを確認する。 ・引き継ぎを行ない元気よくあいさつをする。	

〈保育の反省・感想〉

　今日は3歳児クラスで最後の実習として、1日の責任実習をさせていただき、ありがとうございました。主活動の「オオカミと子ブタ」の鬼ごっこは、私が予想していたよりも子どもたちは楽しんでいたと思います。あそび時間も長く、集中力が続いたので驚きました。もう少し時間にとらわれず、ひとりひとりが十分にあそびを楽しむことができたらよかったと思いました。オオカミと子ブタの区別が遊んでいるうちに混乱してしまったので、担任の先生から"帽子で分けたほうが子どもたちが理解しやすい"ということを教えていただきました。

　5日間実習をさせていただき、子どもたちひとりひとりのようすがわかってくると、本当に子どもたちはすなおで愛しい存在になりました。発達の違い

や個性がはっきりしていて、3歳なのに自分でできることがほとんどなのには驚きました。先生がたの個人に合わせたことばがけや対応は、たいへん勉強になりました。

今日の実習では、先生がたにサブに回っていただきましたが、どちらがリーダーなのかわからない場面が何度もありました。計画ばかりを気にしているのではなく、その場面、場面で適切に対応することの大切さを強く学びました。

この5日間、毎日反省会を開いてくださり、たくさんのご助言、ご指導をいただき、ありがとうございました。

〈助言〉
今までの実習に対する反省が、だいぶ生かされていたので、今日の責任実習も○○さんが思っているよりも、スムーズに進めていたように感じられました。ただ、主活動に関する配慮や援助は、ある程度、考えていたようですが、排泄や食事、午睡などの生活に対する、配慮や援助があいまいだったことが残念に思います。3歳児は、基本的生活習慣の基礎を確立していくことが大切なので、やはり毎日の生活に対する配慮や援助は欠かせません。今日の責任実習をやり遂げたことは、これからの自信につなげてくださいね。

チェックポイント

責任実習の計画から実践、そして記録。全力でのぞんだようすが現れています。どれも100点満点でなくてもよいのです。現場の保育者も「今日は満点」という保育はまずありえません。今日の実習で課題を見つけて、明日に生かすことが大切です。そのためには、しっかりと反省を残しておくことでしょう。これだけやった責任実習後の園児の観察・感想・反省としては、ややもったいない気もします。

※製作・壁面などの参考イラスト

先輩からのひとこと 失敗 実習園が遠すぎた。できるだけ近い所に行かせてもらえるとよいと思った。

責任実習指導案の例② 保育園／4歳児

※この指導案での保育をした後の記録を、100〜102ページに掲載しています。関連づけて参考にしてください。

〇月〇日（〇）実施　　指導担当者：〇　〇　〇　〇

主活動の内容	『ジャンケン列車』のゲームで遊ぶ。		主活動の環境構成	ロッカー／ピアノ／保育室をできるだけ広く使う。／窓を開け、風通しを良くしておく。
ねらい	・音楽に合わせて歩いたりジャンケンをして楽しむ。 ・長い列車になり、皆でつながる楽しさを味わう。			

時間	乳児・幼児の活動	保育の配慮	環境・準備
8:30	◎登園する。 ・持ち物の始末をする。 ・連絡帳にシールをはる。 ◎自由あそびをする。 ・ブロック ◎かたづけをする。	・あいさつをし、視診をする。 ・かたづけをするよう声をかける。	・机の上にシールを出す。 ・ブロックを出す。
9:30	◎ハトぽっぽ体操をする。		・カセットテープ
9:40	◎朝の歌をうたう。 ・あいさつをする。 ・歌『海』『おばけなんてないさ』をうたう。 ・当番が出席をとる。 ・話を聞く。	・元気よくあいさつをするよう声をかける。 ・子どもたちが並んでいるか確認をしてピアノを弾く。 ・歌詞を先に知らせ、みんなでうたえるようにする。 ・当番が意欲的に取り組めるようことばをかける。	・歌詞を書いた模造紙をはる。
10:00	◎『ジャンケン列車』のゲームをする。 ・話を聞く。 ・遊ぶ。 ・長い列車になる。	・数人の子どもといっしょに動き、わかりやすくルールを知らせる。（音楽に合わせて歩く。曲が止まったらジャンケンをし、負けた子どもは勝った子どもの後ろにつき、肩に手をかけてつながる。ひとりからふたり、ふたりから4人、4人から8人とジャンケンをするたびに列車が長くなっていく。） ・ジャンケンは1回勝負、あいこは勝負がつくまで続けるよう知らせる。 ・長い1列の列車になったらしばらく保育室を歩き、つながって歩く楽しさを味わえるようにする。 ・ゲームは2回から3回行ない、存分に楽しめるようにする。	・ピアノ
10:30	◎紙トンボを作る。 ・壁の前に立つ。 ・イスを出す。 ・折り紙をもらう。 ・作る。 ・飛ばして遊ぶ。	・紙トンボを見せ、遊び方を見せることで興味がもてるようにする。 ・少しずつ折り方を知らせ、子どもたちの状態を確認しながら進めていく。 ・出来上がったらかたづけをし、広い場所で遊べるようにする。 ・安全面に注意しながら飛ばし方を知らせる。 ・最後までがんばったことを認め、満足感がもてるようにする。	・机、イス、ハサミ ・折り紙（ひとり2枚）を机の上に置く。 ・セロハンテープを前に用意する。 （ロッカー／ピアノ／窓／机／セロハンテープ　配置図）
11:20	・かたづけをする。		

時間	乳児・幼児の活動	保育の配慮	環境・準備
	◎うがい、手洗い、排せつをする。	・手洗い、うがいをしているようすを見守る。	
11:50	◎給食を食べる。 ・かたづけをする。	・ごちそうさまの時間を伝える。 ・子どもたちが楽しく食べられるよう声をかける。 ・全体のようすを見て、当番に声をかける。	・台ふきん ・給食
12:20	・歯を磨く。	・歯磨きの姿を見守ったり、時にはことばをかけたりし、確認する。	
13:00	◎午睡の準備をする。 ・パジャマに着替える。 ・ござを敷く。 ・布団を敷く。 ・排せつをする。 ・絵本『わたしねむたいのに』を見る。 ・あいさつをして寝る。	・がんばって着替えをするよう励ます。 ・自分たちで布団が敷けるよう順番に渡していく。 ・絵本を読み、気持ちを落ち着かせて午睡ができるようにする。 ・全体のようすを見守る。	・ござ ・絵本『わたしねむたいのに』
15:05	・起床する。 ・布団をかたづける。 ・着替えをする。		
15:20	◎おやつを食べる。 ・あいさつをして食べる。	・当番に段取りを知らせ、少しでも自分たちでできるようにする。 ・あいさつは、元気よくしっかり前を見て立つよう促す。	・おやつ
15:45	・あいさつをしてかたづけをする。		
16:00	◎降園準備をする。 ・集まる。 ・歌『アイスクリームの歌』、『おかえりのうた』をうたう。 ・あいさつをする。 ・明日の当番を紹介する。 ・連絡帳をもらう。 ・肝油をもらう。	・人数確認をし、特例保育の部屋に行きに引き継ぎをする。 ・ひとりひとり名前を呼び、連絡帳を渡す。 ・座って肝油を食べるよう声をかける。	・連絡帳
16:20	◎特例保育 ・自由あそびをする。		

チェックポイント

保育園の1日の流れが頭に入っているのでしょう。4歳児ということもあって、あっさりと計画を立てているという感じがします。これはこれでよいのですが、さらに機会があったら、4歳児のこの時期の子どもたちの育ちやクラスの子どもたちの興味や関心が、どのような方向を向いているのかなどを考慮して計画できたら、一段上の実習になります。

先輩からのひとこと　最終日に折り紙でプレゼントを作ったら、とても喜んでくれてうれしかった。

責任実習指導案の例②の後の記録
保育園／4歳児

※98～99ページの指導案での保育をした後の記録です。関連づけて参考にしてください。

○月○日 ○曜日	天候　晴れ	4歳　○○組	男14名　女10名　計24名

ねらい	音楽に合わせて歩いたりジャンケンをしたりして楽しむ。 長い列車になり、皆でつながる楽しさを味わう。		指導担当者　○○	指導者印

時間	乳児・幼児の活動	保育の配慮	環境・準備
8:30	◎それぞれ登園する。 ・持ち物の始末をする。 ・プールカードを出す。 ◎自由あそびをする。 ・ブロック ・ままごとなど。	・ひとりひとりとあいさつをし、視診をする。 ・子どもたちが楽しめるよういっしょに遊ぶ。 ・危険がないよう見守り、声をかける。	・机の上にシールを出す。 ・ブロックを出す。
9:35	◎かたづけをする。 ◎ハトぽっぽ体操をする。	・かたづけの後、何をするのか、自分で考えられるようことばをかける。 ・「楽しく体操ができたね」と声をかける。	 ・カセットテープ
9:40	◎朝の歌をうたいあいさつをする。 ・歌『おばけなんてないさ』をうたう。 ・当番が出席をとる。 ・話を聞く。	・子どもたちが並んでいるか確認をしてピアノを弾く。 ・元気よくあいさつをするよう声をかける。 ・歌詞を書いたものを読んで子どもたちに知らせ、みんなでうたえるようにする。 ・当番が意欲的に取り組めるようことばをかける。	・歌詞を書いた模造紙をはる。
9:55	◎『ジャンケン列車』のゲームをする。 ・ゲームの説明を聞く。 ・ジャンケンをする。 ・音楽に合わせて歩く。	・ゲームあそびをすることを知らせ、興味がもてるようにする。 ・子どもたちを立たせてからルールの説明をする。(音楽に合わせて歩く。曲が止まったらジャンケンをし、負けた子どもは勝った子どもの後ろにつき、肩に手をかけてつながる。ひとりからふたり、ふたりから4人、4人から8人とジャンケンをするたびに列車が長くなっていく。) ・同じ人とはジャンケンをしないよう伝える。 ・1回つながったら離れないでほかの子どもとジャンケンをするようことばをかける。 ・ルールがわかるまで、何回か遊ぶ。	・ピアノ
10:20	◎紙トンボを作る。 ・壁の前に立つ。 ・イスを出す。 ・折り紙をもらう。 ・作る。 ・紙トンボに絵をかく。 ・飛ばして遊ぶ。	・楽しいものを作るということを知らせ、静かに壁の前で待てるようにする。 ・子どもたちにわかりやすくするために、大きい紙を使っていっしょに折る。 ・子どもたちの状態を確認しながら進めていく。 ・ハサミの扱い方をきちんと知らせる。 ・出来上がったらイスのかたづけをし、遊べるようにする。 ・安全面に注意しながら飛ばし方を知らせる。 ・最後までがんばったことを認め、満足感がもてるようにする。	・机、イス、ハサミ ・折り紙(ひとり2枚)を机の上に置く。 ・セロハンテープを前に用意する。

時間	乳児・幼児の活動	保育の配慮	環境・準備
11:20	・かたづけをする。 ◎うがい、手洗い、排せつをする。 ◎給食の準備をする。	・手洗い、うがいをしているようすを見守る。 ・給食を配る間、手はひざの上に置いて待つように声をかける。	・台ふきん ・給食
11:45	◎給食を食べる。 ・あいさつをする。 ・食べる。	・「大きい口で食べるところ見たいな」と声をかけ、がんばって食べられるようにする。 ・かたづけの時間を伝えることで、意識できるようにする。 ・子どもたちが楽しく食べられるよう声をかける。	
12:15	・あいさつをしてかたづける。 ・歯を磨く。	・全体のようすを見て、当番に声をかける。 ・歯磨きの姿を見守ったり、時にはことばをかけたりし、ていねいに磨いているか確認する。	
12:45	◎午睡の準備をする。 ・パジャマに着替える。 ・ござを敷く。 ・布団を敷く。 ・排せつをする。 ・絵本『わたしねむたいのに』を見る。 ◎午睡をする。 ・あいさつをして寝る。	 ・自分たちで布団が敷けるよう順番に渡していく。 ・排せつをするよう声をかける。 ・子どもたちの反応を見ながら語る。 ・ふざけている子どもに声をかける。	 ・ござ ・絵本『わたしねむたいのに』
15:00	◎起床する。 ・布団をかたづける。 ・着替えをする。	・全体のようすを見守る。 ・がんばって着替えをするよう励ます。	
15:15	◎おやつを食べる。 ・あいさつをして食べる。	・当番に段取りを知らせ、少しでも自分たちでできるようにする。 ・ゆっくりおやつを食べている子どもには、しっかり食べるよう声をかける。 ・いつまでも口に入れている子どもには、よく噛んで飲み込むように声をかける。	・おやつ（フルーツ、クッキー）
15:45	・あいさつをしてかたづけをする。		
16:00	◎降園準備をする。 ・集まる。 ・歌『アイスクリームの歌』、『おかえりのうた』をうたう。 ・あいさつをする。 ・明日の当番を紹介する。	・手あそびをして、全員がそろうのを待つ。 ・紙トンボで遊んだことを振り返る。 ・あいさつは、元気よくしっかり前を見て立つよう促す。	

先輩からのひとこと 0歳児は何もわからないからと思っていたが、語りかけやあやすことが大切と知った。

●責任実習指導案の例②の後の記録（続き）

時　間	乳児・幼児の活動	保育の配慮	環境・準備
	・連絡帳をもらう。 ・肝油をもらう。	・あそびに使ったものをかたづけ、自分の持ち物を確認するよう声をかける。	・連絡帳 ・肝油
16:15	◎自由あそびをする（特例保育に行く子ども）。 ・ブロックで遊ぶ。		
16:45	・かたづけをする。 ・部屋を移動する。		
17:00	◎特例保育	・人数確認をし、延長保育の部屋に行き、引き継ぎをする。	

〈保育の反省・感想〉

　今日は1日責任実習をやらせていただきましたが、子どもたちの前に立つ難しさを、感じさせられる実習になりました。子どもひとりひとりの動きに加え、全体を見ることの必要性。それが思うようにいきませんでした。子どもたちに振り回されたり、行動が予測できなかったり、臨機応変に対応していくことのたいへんさを感じました。帰りの会で、子どもたちが大声で話し合ったりふざけたりするのを、抑制することができませんでした。子どもたちを自分のほうに集中させるというのも、いろいろやり方はあると思いますが、私の場合は、まったく身についていませんでした。ただ大声で呼びかけるだけでは、子どもたちは関心を示さないと思いました。

　紙トンボの製作は、やはり作り方を伝えるのが難しかったです。ゴミの始末など、細かいところまで配慮が必要なのだと思いました。そこまで頭が回っておらず、見通しが甘くなってしまいました。製作は何とか作ることができ、子どもたちは喜んで遊んでいたので、よかったと思います。活動が長く、間延びしてしまったということで、そのときの対応も考えておかなければいけないのだと思いました。指導案通りに進めていくのでは、難しいこともあります。それをどうやって子どもたちが楽しめるか、どうやって子どもたちが安全に活動することができるかなど、いろいろ考えて活動を展開させていくことの大切さを知りました。子どもたち中心で進めていくということを考えさせられた実習になりました。

〈助言〉

　反省ばかりの責任実習になってしまいましたが、子どもたちの表情は生き生きしていました。それは、○○先生が考えたゲームや製作が子どもたちの興味を引く内容だったからです。ジャンケンゲームでは、子どもたちを立たせてから、説明をしていましたが、座らせたままで、ゲームの方法などを説明した方が、集中して聞いてくれたと思います。また、説明をするときも、指導案にあったようにことばだけではなく、何人かの子どもに協力してもらって、実際に遊び方の例を見せながら説明すれば、子どもたちにもわかりやすかったですね。そして、保育者もいっしょにあそびに参加しながら、その中で、あそびのルールや方法を確実なものにしたり、子どもたちの意見を取り入れて、あそびを変化させていくと、さらにあそびが盛り上がると思います。保育を行なう前に、その活動の流れを頭の中で、一度シミュレーションしてみることで、配慮や援助の方法がより具体的になるので、試してみてください。

チェックポイント

　見通しの甘さを感じていますが、それが実習ですからここからさまざまなことを学んでほしいと願っています。学びを多くするためには、ただの感想で終わりにしないことです。うまくいったこともうまくできなかったことも、何が原因かよく分析して次の機会に生かすことが大切です。主活動の助言は貴重です。ねらいに対しての評価も必要でしょう。

責任実習指導案の例③
保育園／5歳児

○月○日（○）実施　　指導担当者：○　○　○　○

主活動の内容	塩ビ板を使ってメダルを作る。		主活動の環境構成
ねらい	・説明をよく聞きながら、楽しんで製作をする。 ・光の反射によってきらきら光るおもしろさを味わう。		机と机の間をあける／オルガン／新聞紙を敷く／机／材料用意

時間	乳児・幼児の活動	保育の配慮	環境・準備
8:30	◎登園する。 ・持ち物を始末する。 ◎帽子をかぶり園庭に出る。	・あいさつをしながら視診をする。 ・日射病のおそれもあるので、必ず帽子をかぶり園庭に出るよう声をかける。 ・時間になったら、みんなにかたづけを知らせるよう当番に声をかける。	・子どもたちが来る前に、園庭に水をまく。 ・天気がよく園庭が乾いていたら水をまく。
9:00	◎上着を脱いで体操をする。 ・上着を着る。 ◎自由に遊ぶ。 ・当番は飼育動物の世話や花の水やりをする。 ・ダンス、砂場あそび、色水あそび、ままごと、水鉄砲など。	・動きやすいように上着を脱ぎ、鉄棒にかけるよう声をかける。 ・元気に体操をしているか見守る。 ・目標時間を知らせ、がんばって当番をするように励ます。 ・子どもたちがあそびの中で発見したことや感じたことなどに共感する。	・鳥のえさ ・じょうろ ・ポリ袋 ・空き容器
9:30	◎かたづけをする。 ・見回りをする。 ・事務所前に集まる。 ・うがい、手洗い、排せつをする。 ・お茶を飲む。	・当番にかたづけの時間を知らせ、ほかの子どもたちに声をかけるよう促す。 ・かたづけ忘れた物はないかみんなで見回り、共有の物を大切に扱う気持ちをもたせる。 ・事務所前に集まり人数確認をする。 ・汗の始末やうがい手洗いなどていねいにしているか、見守ったり声をかけたりする。 ・お茶を飲んで水分補給をするよう声をかける。	・タオル ・全員のコップを用意する。 ・机を出し、やかんを置く。
9:45	◎朝のあいさつ、約束をする。 ・当番が進行する。	・朝の会の進行を当番にまかせ、子どもたちのやりとりを見守る。	
9:50	◎きらきら光るメダルを作る。 ・話を聞く。 ・塩ビ板をもらい、穴があいているほうを上にする。	・メダルを知っているか、もらったことはあるかなど質問をして、興味や関心がもてるようにする。 ・きらきらひかるメダルを見せながら作り方を説明し、期待をもたせる。	・製作前に机を4台出す。 ・机の上に新聞紙を敷く。 ・塩ビ板○枚 ・油性マジック○セット ・アルミホイル○枚 ・リボン○本
10:00	・油性マジックで絵をかく。	・材料を配った後、一度やってみせることでイメージをもちやすくする。	

先輩からのひとこと　ハキハキと報告・連絡・相談を心がけるだけで、充実した気分になれた。

● 責任実習指導案の例③（続き）

時　間	乳児・幼児の活動	保育の配慮	環境・準備
10:20	・アルミホイルを丸める。 ・最後の仕上げをしてもらう。 ・リボンをつける。 ・光に当ててみる。	・全体を見て回り、ひとりひとりに合った、ことばがけをする。 ・子どもたちの状態を見ながら、次に進んでいくようにする。 ・アルミホイルは力を入れすぎるとうまく広がらないので、やさしくぐちゃぐちゃと丸めるように知らせる。 ・アルミホイルと塩ビ板をとめ、好きな色のリボンを選ばせる。 ・できた子どもからひかりに当ててみるよう声をかける。 ・反射によって光る楽しさを味わったり友達と見せ合ったりする姿に共感する。 ・天気がよければ太陽に当てながら、ひとりひとりのメダルを紹介し、満足感が味わえるようにする。	※見本と作り方は、別に用意してあります。 ・セロハンテープ ・製作の後、机の新聞紙をはがす。
10:50 11:20	◎プールあそびの準備をする。 ・排せつをして、着替える。 ・準備体操をする。 ・プールあそびをする。 ・整理体操をする。 ・着替えをする。	・プールあそびに行くことを知らせ、すすんで製作のかたづけやプールの準備ができるようにする。 ・脱いだ物をきちんとたたんでいるか確認をする。 ・十分な準備体操ができるよう、思い切り体を動かす。 ・プールの中では安全に気をつけ、子どもたちといっしょに遊んだり時には見守ったりする。 ・着替えの終わった子どもから、寝転んで休息をとるようにする。	・プールカードの確認 ・水着一式 ・タオル
11:30	◎給食を食べる。 ・準備をする。 ・歌をうたい、あいさつをする。 ・当番は目標時間を決める。 ・食べる。	・時間を見計らって、給食の時間を当番に知らせる。 ・給食の準備からあいさつまでを当番が中心となり進めていけるよう見守る。 ・目標時間を目ざしてがんばるよう励ます。 ・会話をしながら楽しく食べられる雰囲気にする。 ・絵本やブロックなど、静かに遊ぶ活動をしておなかを休める。	・台ふきん ・給食
12:20	・かたづけをして歯磨きをする。	・遊んでいる間に机をかたづけ、午睡の準備ができるようにする。 ・当番にかたづけの合図をするよう声をかける。	
12:30	◎午睡の準備をする。 ・掃除をしたら当番は布団を敷く。 ・手洗い、排せつをする。 ・午睡の準備ををする。 ・着替えをする。	・みんなで協力してござや布団を敷くように声をかける。 ・寝ているクラスがいるので静かに排せつに行くようにする。	・部屋にござを敷く。 ・午睡の準備の後、舞台を用意する。
13:10	・パネルシアター『パンパンサンド』を見る。	・約束を確認して楽しくパネルシアターが見られるようにする。	・パネルシアターの準備をする。
13:30	・布団に入り寝る。		・カーテンを閉める。

時間	乳児・幼児の活動	保育の配慮	環境・準備
15:00	◎起きる。 ・布団をかたづけたら着替えをする。 ・手洗い、排せつをする。	・先に係の子どもたちを起こし、スムーズに活動ができるようにする。	・カーテンをあける。
15:40	◎おやつを食べる。 ・歌をうたい、あいさつの後食べる。	・友達同士で協力しながら準備をしているか見守る。 ・全員がそろうまで歌をうたって楽しく待てるようにする。 ・当番中心に進めていくよう声をかけ、見守っていく。 ・みんなでかたづけをし、次の活動ができるようにする。	・台ふきん ・おやつ
16:00	◎降園準備をする。 ・歌をうたったり手あそびをしたりする。 ・明日の当番を聞く。 ・あいさつをする。	・友達と譲り合ったり順番に並んだりしてトイレを使っているか見守る。 ・今日の活動を振り返り、明日への期待につながるようにする。	
16:30	◎降園する（別の保育室で延長保育）。	・延長保育に行く子どもたちの人数を確認する。	

チェックポイント

暑い時季ですから、適当な休息や水分補給なども考慮した計画になっています。全体を通して無理がありません。塩ビ板を使ってのメダル作りは、担当の先生に手順や説明の仕方などを、事前にチェックしていただくと、当日大きな戸惑いがなくなります。ここでは、出来上がりを先に見せて、さらに子どもたちの前で一度作ってみる計画になっていますね。

※製作・壁面などの参考イラスト

先輩からのひとこと 失敗 部分実習のために準備した絵カードを忘れてしまった。結局、ほかのことをしたが、失敗。

責任実習指導案の例④
幼稚園／3歳児

○月○日（○）実施　　指導担当者：○　○　○　○

主活動の内容	小麦粉粘土を作って遊ぶ。	主活動の環境構成
ねらい	・友達や保育者といっしょに楽しく作る。 ・小麦粉粘土の感触を楽しむ。 ・いろいろな形を作って遊ぶ。	（図：ピアノ、実習生、A先生、B先生、グループ配置。机が動かないようにクラフトテープでとめる。材料のすべてを前の机に用意する）

時間	幼児の活動	保育の配慮	環境・準備
8:20	◎それぞれ登園する。 ・持ち物を始末する。 ◎好きなあそびをする。	・ひとりひとりと元気にあいさつをしながら、健康状態を視診する。	・小麦粉粘土あそびに取りかかれるよう、材料を保育室の前の机に並べておく。 ・小麦粉500g、ボール、食紅、ペットボトル、コップ3個、新聞紙、クラフトテープ、ぞうきん3枚、粘土板を用意する。
9:40	◎かたづけをする。	・意識してかたづけができるよう励ます。	
9:50	◎朝の会 ・集まって座る。 ・あいさつをする。 ・名前を呼ばれたら返事をする。 ・手あそびをする。『のねずみ』 ・話を聞く。	・ひとりひとりの表情を見ながら名前を呼ぶ。 ・集中できるように明るく楽しく声かけをしながら遊ぶ。 ・話を聞くときは、その人の顔を見て聞くよう声をかける。	
10:15 10:30 10:50	◎小麦粉粘土を作る。 ・グループに分かれる。 ・説明を聞く。 ・小麦粉をこねる。 ・粘土を作る。 ・いろいろな物を作る。	・何をするか楽しみにできるようことばをかける。 ・わかりやすくグループごとに座らせる。 ・子どもたちの状態を見ながら声をかけたり、いっしょに混ぜたりして感触を楽しめるようにする。 ・粘土状になったら、丸めたり細長くして形作りが楽しめるようことばがけをする。 ・子どもたちが作ったものに共感し、やる気が高まるようにする。	・机の上にグループのマークをはっておく。
11:15	・かたづけをする。 ・排せつ、手洗いをする。	・使った物はきれいにかたづけるよう声をかける。 ・排せつ、手洗いをきちんとしているか見守る。	
11:40	◎お弁当の準備をする。 ・イスに座る。 ・あいさつをする。 ◎お弁当を食べる。 ◎紙芝居を見る。『あのじのまほうつかい』	・友達と協力して机を出すよう促す。 ・会話をしながら楽しく食べられるようにする。 ・食べるのが遅い子どもにはがんばるよう励ます。 ・食後は紙芝居を読み、休息がとれるようにする。	・台ふきん ・お弁当 ・コップ
12:30	・ティッシュペーパーでゴミを拾う。 ・かたづけをする。	・部屋をきれいにするため、全員でゴミを拾う。	・紙芝居『あのじのまほうつかい』
12:40	◎好きなあそびをする。	・あそびによっていっしょに遊んだり、助言をしたりして雰囲気が盛り上がるようにする。	・好きなあそびが存分に楽しめるよう、必

時　間	幼児の活動	保育の配慮	環境・準備
13:30	・かたづけをする。 ・排せつ、手洗いをする。	・あそびの続きに必要なものを確認しながらいっしょにかたづける。	要なものを出しておく。
13:45	◎帰りの会をする。 ・帰り支度をする。 ・絵本を見る。『そらいろのたね』 ・連絡ノートをもらう。 ・話を聞く。 ・手あそびをする。『アイスクリーム』 ・あいさつをする。	・話の中で伝えたいことを、読み方やことばがけで工夫して伝える。	・絵本『そらいろのたね』
14:00	◎それぞれ降園する。 ・階段に座る。 ・好きなあそびをする。	・今日1日の楽しかったことを思い出し、明日のあそびへ期待がもてるようにする。	
15:00	◎全園児が降園する。		

チェックポイント

　責任実習といっても、実習生だけで保育するわけではありません。特に3歳児の場合には、担任の先生との細かい打ち合わせが必要です。場面によっては、補助をしていただかなくてはいけないところも出てきます。

　小麦粉をこねるような活動は、子どもたちにとって新しい経験だと思います。綿密な打ち合わせをしてください。

※製作・壁面などの参考イラスト

先輩からのひとこと　とにかく積極的にかかわって、どしどし質問をしました。得たものは多かったと思います。

責任実習指導案の例⑤
幼稚園／4歳児

○月○日（○）実施　　指導担当者：○　○　○　○

主活動の内容	クラス全員でだるま鬼と『ドーンチッケッタ』のゲームをする。	主活動の環境構成	（ホール／ステージ／ビニールテープ／青テープ／赤テープ／遊具　朝のうちに設定する。遊具をできるだけすみにかたづける。はさみ・ビニールテープ）
ねらい	・初めてのゲームに期待をもって参加する。 ・クラス全員で、のびのびと体を動かして遊ぶ。		

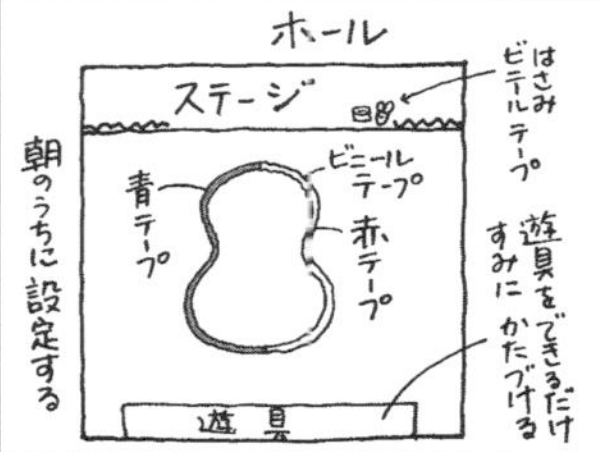

時　間	幼児の活動	保育の配慮	環境・準備
8:30	◎それぞれ登園する。 ・持ち物を始末し、体操服に着替える。 ◎自由に遊ぶ。	・ひとりひとりと笑顔であいさつをし、朝の視診をする。 ・着替えの遅い子どもにはがんばるよう励ます。 ・カラー帽子をかぶり忘れている子どもには声をかける。	・出席ノートに押すゴム印とスタンプ台
9:50	◎かたづけをする。	・みんなで協力してかたづけられるよう、いっしょにかたづけをする。 ・手洗い、うがい、排せつをするよう声をかけ、ていねいにしているか見守る。	
10:00	◎お集まり ・グループごとに座る。 ・手あそびをする。『トコちゃん』『八べえさんと十べえさん』 ・歌をうたう。『どんぐりころころ』『きのこ』『もみじ』 ・お休み調べをする。 ・ホールに移動する。	・子どもたちが元気に楽しくうたったり手あそびをしたりできるよう、大きな声を出しリードする。 ・窓の外を見たり実習生の話を聞いて、季節の変化を感じながらうたってみることを伝える。 ・返事をする子どもは元気よく、それ以外の子どもたちは静かに聞くよう声をかける。	 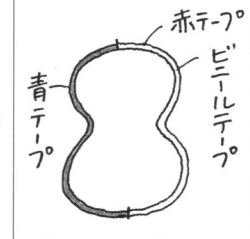 （だるま の絵）
10:20	◎絵カードで遊ぶ。『すきですかきらいですか』 ・話を聞く。 ・遊ぶ。 ◎だるま鬼ゲームで遊ぶ。 ・話を聞く。 ・遊ぶ。 ◎ドーンチッケッタで遊ぶ。 ・話を聞く。 ・遊ぶ。	・だるま鬼の導入に絵カードあそびを取り入れ、興味をもたせる。 ・数人の子どもといっしょに動き、ルールを知らせていく。 ・最初は確認しながらゆっくり動くようにし、慣れてきたら本来のあそびをする。 ・安全面に気をつけながら、いっしょに楽しむ。 ・子どもたちの状態を見て、次のあそびに誘う。 ・同じ線を使い、違うあそびができることを知らせ、興味をもたせる。 ・数人の子どもたちといっしょに動き、ルールの説明をする（男の子は青、女の子は赤のテープのほうを走り、ぶつかった所でジャンケンをする。負けたら戻って最後尾に並ぶ。勝ったらそのまま進み、次の子どもとジャンケンをする）。 ・同じチームの友達を応援し、ゲームが盛り上がるよ	・絵カード5枚 ・朝のうちに、ホールの床へビニールテープでだるまの形をはっておく。 ・スタートに黄色のビニールテープをはる。 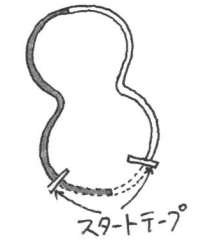 （赤テープ／ビニールテープ／青テープ／スタートテープ）

時　間	幼児の活動	保育の配慮	環境・準備
	◎自由に遊ぶ。	うにする。 ・チームの勝敗を取り入れたり、順番を変えるなどして工夫をしていく。 ・あそびの状態により時間があれば、好きなあそびを取り入れる。使った物は元の場所にきちんとかたづけるように声をかける。	・大型積み木、平均台など
11:45	◎かたづけをする。 ・保育室へ戻る。 ◎手洗い、うがい、排せつをする。	・手洗い、うがい、排せつをていねいにしているか、見守ったり声をかけたりする。	
12:00	◎お弁当を食べる。 ・当番が机をふいた後、好きな席に座り用意をする。 ・歌をうたう。 ・あいさつをして食べる。 ・絵本を読む。 ・お眠りをし、合図で起きる。 ・あいさつをする。	・好きな場所に座っていいことを知らせ、楽しい雰囲気で食べられるようにする。 ・全員がそろうまで歌をうたって待つようにする。 ・意識して姿勢を正せるようことばをかける。 ・食べた後は絵本を読み、体を休めるようにする。	・机 ・台ふきん ・お弁当
12:40	・かたづけをする。 ・当番が机をふき、お弁当を運ぶ。 ◎自由に遊ぶ。 ・好きなあそびをする。	・当番のかたづけをするようすを見守る。 ・いっしょに遊び、子どもたちの思いを受け止めていく。	
13:10	◎かたづけをする。 ◎手洗い、うがい、排せつをする。	・みんなで協力してかたづけている姿を認める。	
13:30	◎降園準備をする。 ・着替えをする。 ・手あそびをする。 ・手紙をもらう。 ・パネルシアターを見る。 『おむすびころりん』 ・話を聞く。 ・明日の当番を聞く。	・手あそびをすることで、気持ちが落ち着くようにする。 ・お手本を示しながら、おたよりをていねいに4つ折りにしてかばんに入れるように伝える。 ・子どもたちの反応を確かめながら演じる。 ・パネル3、子ども7の割合を意識する。 ・かけ合いを楽しめるようにする。 ・服装をひとつひとつ見直し、自分で確認できるようにする。	・おたより ・パネルシアターと台（時間的に余裕があるときに行なう）。

先輩からのひとこと 体調を崩して休んでしまった。これだけはしないようにと思っていたのに！

● 責任実習指導案の例⑤（続き）

時　間	幼児の活動	保育の配慮	環境・準備
	・さよならのあいさつをする。	・「だるま鬼、ドーンチッケッタは好きですか嫌いですか」などことばがけ、今日の活動を振り返る。	
14:00	◎降園する。	・明日も楽しく来られるよう、ひとりひとりと笑顔であいさつをする。	

チェックポイント

　この計画案でよいところは、子どもの状態を見てあそびの発展を考えたり、自由あそびやパネルシアターなどのお楽しみの活動を取り入れているところです。このように準備をしていると、指導していても余裕があります。毎日の生活指導も保育者が見守りながら、褒めたり励ましたりすることによって、子どもたちの動きが変わってきます。

責任実習指導案の例⑥
幼稚園／5歳児

〇月〇日（〇）実施　　指導担当者：〇　〇　〇　〇

主活動の内容	ころころタンクを作って遊ぶ。		主活動の環境構成
ねらい	・友達といっしょに教え合ったり、協力しながら製作する。 ・完成の喜びを味わい、友達と楽しく遊ぶ。		（図：入口、材料、ピアノ、机6つ） 材料は6グループに分けておく

時間	幼児の活動	保育の配慮	環境・準備
8:30	◎登園する。 ・出席ノートにスタンプを押し、持ち物を始末する。 ・体操服に着替え、カラー帽子をかぶり園庭に出る。 ◎自由に遊ぶ。 ・固定遊具、ままごと、砂場あそび、一輪車、ダンスなど。	・ひとりひとりと握手をしながら元気よくあいさつをし、朝の視診を行なう。 ・工夫して遊んでいる姿を認める。 ・友達と積極的にかかわりながら遊んでいるか見守る。 ・トラブルが起きたらお互いの思いを聞き、どうしたらよいか気づかせていく。 ・いっしょにゲームをしたり走ったりして、思う存分楽しく遊べるようにする。	・固定遊具の点検をする。 ・園庭と室内の安全確認をする。 ・出席ノートに押す、スタンプとスタンプ台 ・体操服、カラー帽子
9:50	◎かたづけをする。 ◎手洗い、うがい、排せつをする。	 ・順番を守ったりていねいに手を洗ったりしているか見守る。	
10:10	◎グループごとに座り、朝の会をする。 ・歌あそび『ホルディアクック』をする。 ・歌『ホ！ホ！ホ！』『おはようのうた』をうたう。 ・あいさつをする。	 ・全員がそろうまで子どもが楽しく待てるよう手あそびをする。 ・大きな声で元気よくうたえるよういっしょにうたう。 ・自分で意識して姿勢を正し、あいさつができるよう声をかける。	
10:30	◎ころころタンクを作る。 ・机とイスを出し、グループごとに座る。 ・ハサミと粘土ケースのふたを持ってくる。 ・輪ゴム、ストロー、ビーズをもらい粘土ケースのふたに入れる。 ・作り方を聞く。 ・ストローを切る。 ・フィルムケースに2本	・友達と協力したり譲り合ったりしながら準備をするよう声をかける。 ・動くおもちゃを作ることを知らせ、全員が興味をもつように実際に動かしてみせる。 ・材料がばらばらにならないよう粘土ケースのふたの中に入れるようにする。 ・ひとつひとつ子どもたちと確認しながら進めるようにする。 ・輪ゴムを通しやすいよう、針金の先を曲げた道具を	・完成している車1個 ・底に穴をあけたフィルムケース〇個（ひとり2個） ・輪ゴム〇本（ひとり2本） ・ストロー〇本 ・大きな穴のあいたビーズ〇個 ・先の曲がった針金〇本 ・ハサミ

先輩からのひとこと　自分なりの準備をきちんとしていたら、自信をもってのぞめます。部分実習・責任実習も！

● 責任実習指導案の例⑥（続き）

時　間	幼児の活動	保育の配慮	環境・準備
	つなげた輪ゴムを通す。 ・短いストローを輪の中に入れセロハンテープで止める。 ・もうひとつも同じように輪ゴムを通す。 ・ビーズをつける。 ・長いストローを引っ掛ける。 ・ふたつのフィルムケースをセロハンテープでとめる。 ・用具をかたづける。	渡していく。 ・全体を把握し、遅れている子どもには励ましたりグループで協力するよう声をかけたりする。 ・各テーブルごとに、何度も作り方を見せながら回る。 ころころタンク　完成図 ころころとよく走る ・使った物をかたづけ、何回巻くとよく進むか考えるようにことばをかけることで、全員が終わるまで楽しく待てるようにする。	・セロハンテープ ①輪ゴムを通す ④輪ゴムを穴から出して2.5cmくらいのストローを通してセロハンテープでとめる ②1cmくらいの大きいビーズに通す ③12cmくらいの長いストローを通す ころころタンク　完成図 ころころとよく走る
11:30	・自由に遊ぶ。 ・みんなで競争をする。 ◎手洗い、うがい、排せつをする。	・最初は自由に遊ぶようにし、どうすればよく動くか考えたり工夫したりできるようにする。 ・満足できたらみんなで競争することを投げかけ、意欲を高める。 ・グループ対抗を取り入れるなどし、友達を応援することで雰囲気が盛り上がるようにする。 ・続きは自由あそびの時間にするよう声をかけ、気持ちの切り替えができるようにする。 ・ころころタンクに油性カラーペンで模様をつけたり、ビニールテープをはっても楽しいことを知らせる。	・油性カラーペン ・ビニールテープ
12:00	◎お弁当を食べる。 ・準備をする。 ・あいさつをして食べる。 ・かたづけて歯磨きをする。 ・絵本を読む。 ・あいさつをする。	・お弁当の準備ができたら、友達同士で確認し合うよう声をかける。 ・会話をすることで楽しく食べられるようにする。 ・話に夢中になっている子どもには、今何をするのか気づかせる。 ・歯磨きをきちんとしているか見守る。 ・おなかを休めるために、保育絵本を見るよう声をかける。 ・ほとんど食べ終わったら、感謝の気持ちを込め、あいさつをする。	・机の並べ方 ・お茶の入ったやかんを取りに行く ・ふきん（お茶がこぼれたときなどに使うため）
13:00	◎自由に遊ぶ。 ・朝の続きなど。 ◎かたづけをする。 ◎手洗い、うがい、排せつをする。	・全体を見回りながら、子どもの遊んでいるようすを把握していく。 ・かたづけをしながら、明日のあそびに必要な物を確認し保存する。 ・手やのどについたばい菌をしっかり落とすよう声をかける。	

時　間	幼児の活動	保育の配慮	環境・準備
13:30	◎降園準備をする。 ・着替えをする。 ・手あそび『キャベツの青虫』をする。 ・絵本を見る。 ・話を聞く。 ・明日の当番を聞く。 ・おかえりの歌をうたう。 ・あいさつをする。	・子どもたちが落ち着くよう、手あそびをする。 ・ユーモラスな絵本で、想像する楽しみが味わえるようにする。 ・今日1日のあそびを振り返り、明日の期待へとつながるようにする。	・絵本『キャベツくん』
14:00	◎降園する。	・ひとりひとりと握手をしながらその子どものがんばったことを話し、明日も楽しく園に来られるようにする。	

チェックポイント

主活動の「ころころタンク」は、5歳児でも少し難しい作業のある製作になりました。主活動を選ぶときには、子どもたちの成長発達や生活経験などを考慮して、担当の先生と相談の上決めます。ここでは出来上がりの楽しさや、子どもたちが教え合ったり協力して作り上げることに期待しながらの選択でしょう。事前の準備をしっかりとして、難しい部分の手助けをしてあげれば、ねらいのように完成の喜びが味わえる活動になることでしょう。

先輩からのひとこと　子どもをしかるときの、その園での対応を知っておくべきです。自己流でしからないこと。

児童福祉法と社会福祉施設について

児童福祉法（抜粋）
第三章 事業、養育里親及び養子縁組里親並びに施設 より

第三十六条
助産施設は、保健上必要があるにもかかわらず、経済的理由により、入院助産を受けることができない妊産婦を入所させて、助産を受けさせることを目的とする施設とする。

第三十七条
乳児院は、乳児（保健上、安定した生活環境の確保その他の理由により特に必要のある場合には、幼児を含む。）を入院させて、これを養育し、あわせて退院した者について相談その他の援助を行うことを目的とする施設とする。

第三十八条
母子生活支援施設は、配偶者のない女子又はこれに準ずる事情にある女子及びその者の監護すべき児童を入所させて、これらの者を保護するとともに、これらの者の自立の促進のためにその生活を支援し、あわせて退所した者について相談その他の援助を行うことを目的とする施設とする。

第三十九条
保育所は、保育を必要とする乳児・幼児を日々保護者の下から通わせて保育を行うことを目的とする施設（利用定員が二十人以上であるものに限り、幼保連携型認定こども園を除く。）とする。

② 保育所は、前項の規定にかかわらず、特に必要があるときは、保育を必要とするその他の児童を日々保護者の下から通わせて保育することができる。

第三十九条の二
幼保連携型認定こども園は、義務教育及びその後の教育の基礎を培うものとしての満三歳以上の幼児に対する教育（教育基本法（平成十八年法律第百二十号）第六条第一項に規定する法律に定める学校において行われる教育をいう。）及び保育を必要とする乳児・幼児に対する保育を一体的に行い、これらの乳児又は幼児の健やかな成長が図られるよう適当な環境を与えて、その心身の発達を助長することを目的とする施設とする。

② 幼保連携型認定こども園に関しては、この法律に定めるもののほか、認定こども園法の定めるところによる。

第四十条
児童厚生施設は、児童遊園、児童館等児童に健全な遊びを与えて、その健康を増進し、又は情操をゆたかにすることを目的とする施設とする。

第四十一条
児童養護施設は、保護者のない児童（乳児を除く。ただし、安定した生活環境の確保その他の理由により特に必要のある場合には、乳児を含む。以下この条において同じ。）、虐待されている児童その他環境上養護を要する児童を入所させて、これを養護し、あわせて退所した者に対する相談その他の自立のための援助を行うことを目的とする施設とする。

第四十二条
障害児入所施設は、次の各号に掲げる区分に応じ、障害児を入所させて、当該各号に定める支援を行うことを目的とする施設とする。

一 福祉型障害児入所施設　保護、日常生活の指導及び独立自活に必要な知識技能の付与

二 医療型障害児入所施設　保護、日常生活の指導、独立自活に必要な知識技能の付与及び治療

第四十三条
児童発達支援センターは、次の各号に掲げる区分に応じ、障害児を日々保護者の下から通わせて、当該各号に定める支援を提供することを目的とする施設とする。

一 福祉型児童発達支援センター　日常生活における基本的動作の指導、独立自活に必要な知識技能の付与又は集団生活への適応のための訓練

二 医療型児童発達支援センター　日常生活における基本的動作の指導、独立自活に必要な知識技能の付与又は集団生活への適応のための訓練及び治療

第四十三条の二
児童心理治療施設は、家庭環境、学校における交友関係その他の環境上の理由により社会生活への適応が困難となつた児童を、短期間、入所させ、又は保護者の下から通わせて、社会生活に適応するために必要な心理に関する治療及び生活指導を主として行い、あわせて退所した者について相談その他の援助を行うことを目的とする施設とする。

第四十四条
児童自立支援施設は、不良行為をなし、又はなすおそれのある児童及び家庭環境その他の環境上の理由により生活指導等を要する児童を入所させ、又は保護者の下から通わせて、個々の児童の状況に応じて必要な指導を行い、その自立を支援し、あわせて退所した者について相談その他の援助を行うことを目的とする施設とする。

第四十四条の二
児童家庭支援センターは、地域の児童の福祉に関する各般の問題につき、児童に関する家庭その他からの相談のうち、専門的な知識及び技術を必要とするものに応じ、必要な助言を行うとともに、市町村の求めに応じ、技術的助言その他必要な援助を行うほか、第二十六条第一項第二号及び第二十七条第一項第二号の規定による指導を行い、あわせて児童相談所、児童福祉施設等との連絡調整その他厚生労働省令の定める援助を総合的に行うことを目的とする施設とする。

② 児童家庭支援センターの職員は、その職務を遂行するに当たつては、個人の身上に関する秘密を守らなければならない。

第四十四条の三
第六条の三各項に規定する事業を行う者、里親及び児童福祉施設（指定障害児入所施設及び指定通所支援に係る児童発達支援センターを除く。）の設置者は、児童、妊産婦その他これらの事業を利用する者又は当該児童福祉施設に入所する者の人格を尊重するとともに、この法律又はこの法律に基づく命令を遵守し、これらの者のため忠実にその職務を遂行しなければならない。

●付　録

実習をさせていただくところは、幼稚園・保育所(園)のほかに社会福祉施設があります。児童福祉法の児童福祉施設に関する具体的記述がある部分を掲載しますので、その意義を読み取ってください。なお、社会福祉施設数などのデータも合わせて掲載します。

社会福祉施設データ

厚生労働省「社会福祉施設等調査」より

施設の種類	施設数 2015年(平成27年)	施設数 2016年(平成28年)	施設数 2017年(平成29年)	定員 2015年(平成27年)	定員 2016年(平成28年)	定員 2017年(平成29年)
児童福祉施設等	37,139	38,808	40,137	2,599,480	2,692,975	2,796,574
助産施設	391	388	387	3,115	3,369	3,813
乳児院	134	136	138	3,873	3,892	3,934
母子生活支援施設	235	228	227	4,830	4,768	4,938
保育所等	25,580	26,265	27,137	2,481,970	2,557,133	2,645,050
小規模保育事業所	1,555	2,535	3,401	24,281	40,769	55,731
小規模保育事業所A型	・	1,805	2,594	・	29,785	43,634
小規模保育事業所B型	・	618	697	・	9,867	11,027
小規模保育事業所C型	・	112	110	・	1,117	1,070
児童養護施設	609	609	608	33,287	32,850	32,387
障害児入所施設（福祉型）	267	266	263	10,533	10,227	9,801
障害児入所施設（医療型）	200	212	212	18,432	20,047	20,139
児童発達支援センター（福祉型）	467	500	528	14,822	15,792	16,759
児童発達支援センター（医療型）	106	99	99	3,533	3,263	3,277
児童心理治療施設	40	42	44	1,812	1,892	1,964
児童自立支援施設	58	58	58	3,822	3,741	3,719
児童館	4,613	4,637	4,541	・	・	・
小型児童館	2,692	2,719	2,680	・	・	・
児童センター	1,784	1,781	1,725	・	・	・
大型児童館A型	17	17	17	・	・	・
大型児童館B型	4	4	4	・	・	・
大型児童館C型	・	・	・	・	・	・
その他の児童館	116	116	115	・	・	・
児童遊園	2,781	2,725	2,380	・	・	・
障害者支援施設等	5,874	5,778	5,734	195,298	192,762	191,636
障害者支援施設	2,559	2,550	2,549	140,512	139,627	139,040
地域活動支援センター	3,165	3,082	3,038	52,845	51,231	50,687
福祉ホーム	150	146	147	1,941	1,904	1,909
身体障害者社会参加支援施設	322	309	314	360	360	360
身体障害者福祉センター	161	151	150	・	・	・
身体障害者福祉センター(A型)	36	36	36	・	・	・
身体障害者福祉センター(B型)	125	115	114	・	・	・
障害者更生センター	5	5	5	360	360	360

（注）1．定員を調査していない施設は掲載していない。
　　　2．母子生活支援施設の定員は世帯数であり、総数及び児童福祉施設等には含まない。
　　　3．保育所等には、幼保連携型認定こども園、保育所型認定こども園及び保育所である。

付録 資料② 施設での実習を経験した先輩からのメッセージ

※15ページ〜116ページまでの右ページ下には、保育所（園）や幼稚園で実習を経験した先輩たちのメッセージを掲載しています。

さまざまな施設での、それぞれ異なる境遇、障害の利用者の方や、職員の方との出会いと、初めての体験で得た貴重な経験を聞いてみました。

【よかった点】【反省点】を現場の具体的で詳しい様子をまじえて書いてもらいました。ぜひお役立てください。

児童養護施設

【よかった点】生活の流れの把握

泊まり込みでほぼ生活をともにするため、実習前にいただいたプリントを見て、生活の流れを覚えておいたことが役に立ちました。

次に何をしたらよいかを常に頭に入れておき、最初のうちは、園でのやり方もわからないので、先生にどんどん質問をするようにしました。慣れてきたら自分から「○○をしてきます」と、確認をとって動くようにしていきました。

家庭で行なわれている家事はできるようにしておいたほうがよいと思います。

【反省点】中学生、高校生とのかかわり

子どもたちが自分からいろいろと話しかけてくれるので、つい甘えてしまいました。

小学生は比較的よく寄ってきてくれるので、かかわる時間も長くなり、逆に中学生や高校生は、私のほうから話しかけていかなければかかわれないので、努力が必要でした。

※子どもたちは、自分が施設に入所している理由をよく話してくれるのですが、こちらからはその内容について探らず、聞くだけに徹するべきです。実習生の家族構成や生活環境にも興味があるようでしたが、軽くこたえる程度にしておきました。

児童養護施設

【よかった点】さまざまな子どもがいる

児童養護施設に入所している子どもは、保護者はいるが、なんらかの理由で育てられないという子どもたちです。詳しくはわかりませんが、ひとりひとりさまざまな理由で入所しています。

子どもたちは、それぞれの地域の幼稚園や学校に通い、一見普通の子どもたちと何らかわりはありません。しかし、深くかかわるうちに、ひとりひとりの子どもたちの色々な面を知ることができました、施設の子どもたちは、普通の子どもよりも傷つきやすい子どもが多かったように思います。かかわるのが難しく、悩まされる子どももいましたが、どんな子どもも温かく受容することが大切です。

さまざまな子どもとのかかわりは、勉強になったし、非常に楽しかったです。

【反省点】あいさつは大きな声で元気よく

あいさつに関しては、学校でも先生方に言われていたので、自分では、先生方とすれちがったときなどにきちんとあいさつをしていたつもりでした。しかし、実習3日目に担当の先生から「自分の入ったクラスの先生だけでなく、ほかの先生方にもきちんとあいさつしてください」と、指摘されました。思えばクラスの先生にはきちんとあいさつをしていましたが、ほかの先生方にお会いしたときはためらってしまい、元気のないあいさつになっていました。これでは相手に通じないと思い、先生方にお会いしたときなどは、相手よりも先に大きな声で元気よくあいさつするように心がけました。もちろん子どもたちにも同じです。

乳児院

【よかった点】保育以外の活動について

　今までは3歳児以上の子どもとしかかかわる機会がなかったのですが、私の実習させていただいた乳児院は、2歳児までの子どもを中心に保育する施設だったので、生まれたばかりの子どもから2歳児までの子どもの接し方を知ることができました。また、調理室実習もさせていただき、乳児院で生活している子どもたちへの細かい配慮までわかりました。ひとりひとりのカルテを見せていただいたことで、入所理由や成長記録などもわかり、より身近に感じられるようになりました。

【反省点】2歳児（1歳児）

　また2歳児になったばかりの子どもがいちばん年長で、その子どもたちでも一語文しか話せないので、何を言おうとしているのか理解するのが難しかったです。人見知りも多く見られ、最初はそれでも話しかけていましたが、無理に近づこうとしないで、遠くから徐々にかかわるようにしていくとよいということが、後からわかりました。

乳児院

【よかった点】わからないことは何でも聞く

　先生方に、何でもちょっとした小さなこと、迷ったこと、戸惑ったことなどをすぐに聞いてみることが大切でした。どんなことにも、親切丁寧に教えていただきました。
　黙って何かを言われるのを待つのではなく、自分から質問をすることが、実習を進めていく上で必要だと思いました。

【反省点】子どもの欲求を満たす

　以前、幼稚園実習で、子どもたちに援助し過ぎてしまう、1対1でかかわることが多くなり、とても反省しました。そのため、今回の乳児院でも、必要以上にだっこはしてはいけないものだと、勝手に思い込んでいました。散歩中に子どもがだっこを求めても、「もう少し歩いてからね」と言っていました。しかし、乳児院では全く逆で、"ひとりひとりの子どもの欲求を少しでも満たしてあげるためには、いくらでもだっこをしてあげてください" という助言をいただきました。自分の思い込みで行動するのではなく、質問したり子どもたちが置かれている環境が違うことを考えるべきでした。

児童館

【よかった点】年齢層について

　利用する年齢が、乳幼児親子から高校生までと幅広く、それぞれの年齢に応じたことばがけやかかわり方、あそびへの指導など、いろいろな面で考え実践していきました。幼稚園や保育園と違ってたいへん勉強になりました。

【反省点】もっと積極的に

　パネルシアターや手あそびをさせていただける機会はたくさんありました。しかし遠慮してしまい、積極性にかけてしまいました。最終日に児童館側から、"普段と違う情報を得られるからもっとやってほしかった" と言われました。
　最近の子どもは、携帯ゲーム機がはやっているため、天気のよい日でも室内で遊ぶ子どもが多く見られました。その子どもたちにもっと声をかけ、積極的に外に出ればよかったと反省しました。

指定障害者サービス事業所

【よかった点】積極的にかかわる

　私は、障害者の方とかかわることが初めてだったため、最初はどのように関わればよいかわからず戸惑いました。
　職員の皆さんの言動を参考に、言葉だけでなく表情や視線、手の動きから利用者さんの意思を読み取ることができると知りました。
　利用者さんのようすを見ながら積極的にかかわることが大切だと学びました。

【反省点】もっと質問すれば

　施設実習では職員の方が利用者さんにつきっきりでとても忙しそうに見えました。実習後の反省会ではわからないことを聞くことができましたが、実習中にその場でもっとたくさん質問ができればよかったと後悔しました。

障害者支援施設

【よかった点】一人ひとりに向き合う

　言葉でのコミュニケーションが難しい利用者さんも多くいるため、初日はどのようにかかわったらよいのか戸惑いもありました。初めは職員の方のかかわり方や声かけを真似ながら自分からかかわるようにしていました。車イスの方には必ず目線を合わせて話しかけるようにし、食事介助や車イス介助などでは反応は無くとも、利用者さんのようすをよく見ながら常に笑顔で声をかけていました。そのようなかかわりを続けていると段々と利用者さんの気持ちがくみ取れるようになり障害者支援の楽しさを感じられるようになってきました。障害があるからといってかかわりに戸惑う必要はまったくなく、障害があっても、言語コミュニケーションが難しくても、利用者さんひとりひとりに向き合えばコミュニケーションをとることができる。ひとりひとりを理解しようと相手の気持ちを考えて丁寧にかかわろうとすることが大切なのだと学びました。

　しかし、利用者さんによっては急に話しかけられると驚いてしまう方や、パニックになってしまう方もいるため、職員の方にまずはその利用者さんのことを聞き、話しかけたい意思を伝えてからかかわると良いかと思います。

【反省点】障害を理解するということ

　施設にはさまざまな障害の方がいらっしゃいます。普段何気なく使っているような声かけでも、考えて行なわないと障害によっては利用者さんを傷つけてしまうこともあると学びました。

　天気の良い日は近隣の公園に散歩に行っていました。歩行が可能な方は職員の方と手をつなぎ、散歩をしますが、ほとんどの方は車イスで散歩に行きます。私が介助させていただいたUさんは弱視であり、他人の顔もほとんど見えないため、職員のことは声で判断していらっしゃる利用者さんです。散歩中、職員の方は利用者さんが自然を感じられるよう声かけをしながら歩いていたので、私も会話の中で「Uさん、あのお花きれいですね。見えますか？」と声をかけてしまいました。その声かけにUさんは気を悪くしてしまい、自分自身の軽率な発言をとても反省しました。利用者さんの障害をよく理解し、会話の言葉一つひとつも丁寧に行なわなければいけないということ学びました。

児童発達支援センター

【よかった点】自分が楽しむことで伝わる

　私は、障害児とどのようにかかわったらよいのか、とても不安でした。しかし、私が実習に入ったクラスは軽度の障害のクラスだったので、ほとんど健常児と変わらず笑顔でスキンシップを中心に接してみると、子どものほうから近寄ってきてくれました。

　今回、児童発達支援センターで実習をしたことで、保育園や幼稚園では学ぶことのできない障害児への配慮やことばがけを学び、一日一日が濃厚で充実した十日間となりました。今後現場に出た際にはここで学んだことを思い出し、生かしていきたいと思います。

　保育技術では「ふんわりふうせん」のペープサートを行ないました。このクラスには電車が好きな子どもが多かったので、緑色のふうせんを電車にしたら子どもたちも喜んでくれ、他のふうせんでは興味をもたなかった子どもも、これを機に楽しんでくれました。子どもが何に興味をもっているのかに目を向け、それを使った保育技術を行なうと楽しんでくれると思います。また、知的障害のある子どもがクラスに多かったため、保育技術を行なった際、一日目は反応がなく皆"ぽかーん"としていました。ですが、二日、三日と毎日同じ保育技術を行なうことで子どもたちも見通しをもてるため、三日目くらいでやっと皆の楽しむようすが見られました。

　障害の度合いによると思いますが、保育技術は1回行なっただけでは子どもたちも理解しにくいので反応がなくても、そこでくじけず、毎日同じ保育技術を行なってみるといいと思います。時間はかかっても、こちらが毎日楽しんで演じることで子どもたちも反応をしてくれると思います。

【反省点】個々の障がいへの配慮

　私が入ったクラスは軽度の障害の子どもが8名いるクラスでした。そして8名全員違った障害をもっているため、個々への配慮について難しさがありました。

　中には体の不自由な子どもがいて、側で常に保育者が支えていなければいけないのですが、別室に移動する際、私はその子どもの歩くペースを考えずに腕をひっぱって誘導したことで、つまづいてしまうことがあり、とても反省しました。

　一生懸命歩いていることを認め、「がんばれ！　もう少しだよ！」など子どもの気持ちに寄り添った声かけをすることの大切さを改めて感じました。

障害者支援施設

【よかった点】笑顔で積極的に行動する

　最初は言葉を話せない方、目が見えない方とのコミュニケーションのとり方がわかりませんでした。職員の方に質問をしたり、かかわり方を観察したりすることで、少しずつ好きなことや特徴などを知ることができました。そこで、私は歌が好きな方のそばにいき、一緒に歌や手あそびすることを試みました。すると、笑顔で手をたたいて喜んでくださり、近くにいた方とも楽しく過ごすことができました。積極的に行動し、自らも楽しんで利用者の方とかかわることの大切さを学びました。

【反省点】常に自覚を持つ

　食事の際、職員の方はひとりを介助しながら、周りの利用者の方の見守りも行なわれていました。しかし「実習生は大変なので、介助する方を見てくだされば いいですよ」と言われ、その通り介助に入りました。食事が残り半分くらいになった頃、目の前の利用者の方がまったく食事が進んでいないことに気がつきました。職員の方は「気にしなくて大丈夫ですよ」と言って笑顔で対応してくださいましたが、もっと自覚をもって行動するべきであったと反省しました。

児童発達支援センター

【よかった点】報告することの大切さ

　私は、障害児とかかわることが初めてだったので、不安や緊張の中で実習を迎えました。日を重ねるうちにひとりひとりの特徴に合ったかかわり方を少しずつつかむことができました。
　子どもと1日かかわる中で、気づいたことや感じたことがたくさんありました。それを、反省会のときに職員の方に伝えると、「職員は子どもと一対一で過ごせる時間が限られているから、実習生の気づきは子どもの変化を把握できてとても助かる」と言っていただきました。
　報告することは、子どもたちにとってより良く通園ができることに繋がるので、とても大切だと思いました。

【反省点】恐れないこと

　実習の後半になると、担当園児をひとり決め、一緒に1日を過ごし、その子どもの援助を行ないました。子どもの言動の予測ができず、戸惑うばかりでした。主に衣服の着脱、食事、排泄、の3つの援助を行ない、子どもによって対応の仕方がまったく違うので、担当園児の日々の習慣をなるべく崩さないようにと心がけましたが、意識をし過ぎてしまい、かかわりをもつ積極性が欠けていました。
　毎日、帰る時間になると職員の方が保育技術（お楽しみの活動）を行なっていました。私は、子どもたちの集まるようすを見て、職員の方々のように臨機応変にできないと勝手に自分を閉ざしてしまい、2回しか保育技術ができませんでした。
　後から振り返ってみると、実習生の間は失敗しても行なったことに意味があり、その経験がすべて積み重なって自分の力になると感じ、悔いが残りました。

付録 シミュレーション

① 保育者の立場にたってみよう
実習生を受け入れる側になったときに…

いずれ、みなさんも保育者となられることでしょう。そのとき、どのような心構えで受け入れますか。ともに歩む者として温かく迎えられるように、そして、実習生として受け入れる側の方々の立場で考えられるように、シミュレーションしてみましょう。

クラス担任としての心構え

自分にとっても勉強になるという、謙虚な気持ちで引き受けましょう。

あなたのクラスに実習生が来ることになったら、身近で自分の保育を見てもらえる絶好のチャンスです。「指導する」という立場もありますが、保育者が「教えられる」ということも多くあるでしょう。
新鮮な目で保育の感想を述べてもらえば、自分にとってもプラスになるし、逆に新しい技術や考え方を学べるかもしれません。

子どもたちにとっての『新しい環境』として考えましょう。

実習生は子どもたちにとって、とても新鮮です。いっしょになって遊ぶ中で、さまざまな波紋を投げかけてくれます。それらのひとつひとつを子どもたちの環境として考え、見守って指導していきましょう。最近では、担任以外の大人とのふれあいの機会も大切にしています。そういった意味でも、実習生を温かく迎えてあげましょう。

後輩を育てましょう。

保育者も実習生のころに、「満足のいく実習ができた」という人は、ほとんどいないと思います。記録を取るのに苦労したこと、子どもたちにどのように話しかけたらよいのか悩んだこと、部分実習で失敗したことなど、人によって苦労したことも違うでしょう。しかし、楽しかったことやうれしかったこと、担任の先生のひとことが保育者になる決心を強めてくれたことなど、プラスになったことも多かったと思います。自分が保育者になり、同じ道を歩む先輩として、後輩を育てるという意識をもって接するように心がけたいですね。

経験してもらいたい実践

何でも実践してもらいましょう。

「1日何かひとつ、新しい経験をしてください」と、実習生と話し合って決めてみてはどうでしょうか？
クラスの実態や実習生の経験などを考慮して、できるだけ何でも実践してもらいましょう。その際、実践の意味をしっかり話してから始めるようにしてください。

能力を引き出してあげる努力をしましょう。

実習生の得意とするもの（イラスト、体操、歌など）を、保育の中で生かせるよう、保育者も努力してみましょう。子どもたちにとっては刺激になり、親しみを感じやすくなります。実習生も緊張が解け、自信や喜びにつながっていきます。

経験を積んでもらいましょう。

手あそびや童話、紙芝居、絵本、ペープサート、折り紙、手作りおもちゃなど、実習生が準備してきた保育技術を、できるだけ実践できる機会をつくってあげましょう。準備をしていない場合でも、園の教材を利用して教えてあげましょう。短時間の実習ですから、全体の保育の流れや子どもたちの個々の発達、生活経験など実習生はなかなかつかめないものです。いっしょに考えたり、アドバイスをしてあげたりすることが大切です。

付録 シミュレーション

②先輩保育者として 実習生を受け入れるための **10** ポイント

受け入れ先の先輩保育者から学んできていただきたいことでもあります。自分の今後の目標として考えましょう。先輩を非難するためではありません。

1 具体的な指示を出しましょう。

実習生が気づいて動くということは、なかなか難しいものです。人によって違いますが、始めのうちは、必要なときに具体的な指示を出してあげましょう。逆に出しすぎると、指示待ちに慣れてしまうので気をつけましょう。

2 気づいたことはその日のうちに。

最終日の反省会で「声が小さかった」と言われても困ります。気づいたことはその日のうちに助言しましょう。

3 自分の体験を通して教えてあげましょう。

子どもたちが落ち着かず実習が失敗したとき、「子どもたちが落ち着かないときは…」など、自分が経験したことや実践していることをアドバイスしてあげましょう。

4 ねぎらいのことばを忘れずに

「今日はお疲れさま」「〇〇やってくれてありがとう」など、ねぎらいのことばは、実習生にとってうれしいものです。次もがんばろうとやる気が増します。

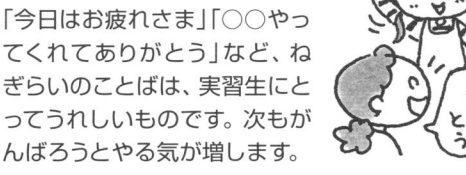

5 個性を認めて

一方的な見方をせず、短所も長所と受け取り、それぞれの長所を伸ばしてあげる努力をしましょう。

6 気持ちしだいで仕事も変わります。

理由も意味も知らされずに言われた仕事は「やらされた仕事」という気持ちをもってしまいます。しかし、意味や手順を教えてもらいながらやる仕事は「やらせてもらう仕事」になります。ちょっとしたことで、気持ちの入り方が違ってきます。

7 実習記録や指導案のアドバイスは具体的に

記録や計画案はうまく書けなくてあたりまえです。実践しながら学ぶのが実習ですから、できるだけ具体的にアドバイスをしてあげましょう。苦労して書くことにより、身についていくものです。

8 ほかの実習生と比較しないで

指導内容や記録簿の様式などは、学校によって異なります。「以前来た実習生はこうだった」などと、比較するのはやめましょう。

9 リラックスできることばがけを

子どもと同様に、実習生も長い目で見てあげましょう。責任実習や部分実習を控え、緊張しているときなどは、リラックスできるようなことばをかけてあげると、実習生も落ち着くでしょう。

10 期待がもてる話をしてあげましょう

仕事の愚痴をこぼすのではなく、厳しいけれどやりがいのある仕事であることなど、将来に期待がもてるような話をしてあげましょう。

付録 実習前のチェック
持ち物チェックリスト

実習間近になって、必要な物をそろえようとすると、あれもこれもと慌ててしまいます。余裕をもって早めに準備しておきましょう。

一般
- ☐ 実習記録簿
- ☐ 筆記具一式
- ☐ エプロン
- ☐ 名札
- ☐ 印鑑
- ☐ 運動靴
- ☐ 上履き
- ☐ メモ帳(記録のため)
- ☐ ジャージ(着替え用も)
- ☐ ハンカチ
- ☐ ポケットティッシュ
- ☐ 小型国語辞典
- ☐ 三角巾・マスク
- ☐ Tシャツ(着替え用も)
- ☐ 髪ゴム・ブラシ
- ☐ 腕時計
- ☐ お弁当
- ☐ コップ・歯ブラシ
- ☐ 下着(着替え用)
- ☐ X線・細菌検査結果
- ☐ 給食費用
- ☐ 靴下(替え用)
- ☐ お茶碗
- ☐ ハンドタオル
- ☐ 幼稚園教育要領・保育所保育指針
- ☐ 修正テープ(液)
- ☐ 製作道具一式(ハサミ・のりなど)
- ☐ 常備薬(風邪薬、のどの痛みに対応できるもの、あめは園にいる間は厳禁)
- ☐ 折りたたみ傘
- ☐ ソーイングセット
- ☐ テレホンカード
- ☐ 携帯電話(園では必要時以外、必ず電源はOFFに)
- ☐ 手帳
- ☐ 乳幼児発達表(本書10〜13ページ)
- ☐ 帽子
- ☐ 教材折り紙
  - ☐ あやとり
  - ☐ 絵本
  - ☐ パネルシアター
  - ☐ 紙芝居
  - ☐ 絵カード
  - ☐ 楽譜
  - ☐ 人形
  - ☐ エプロンシアター
  - ☐ ペープサート
  - ☐ 他準備したもの
- ☐ 実習園より指定されたもの

人によって
- ☐ 生理用品
- ☐ コンタクトケア用品

宿泊実習
- ☐ パジャマ
- ☐ シーツ
- ☐ 枕カバー
- ☐ 洗濯用具
- ☐ 洗面用具
- ☐ 入浴用具
- ☐ 目覚まし時計
- ☐ スリッパ
- ☐ 保険証コピー
- ☐ レポート用紙
- ☐ 実習記録返送用封筒(切手)
- ☐ お金
- ☐ ぞうきん

アドバイス【1】
オリエンテーションの際、実習に入ったら毎日の終わりに担当の先生と、持ち物のことをよく打ち合わせましょう。夏場の実習だと、水着やビーチサンダルなどが必要なこともあります。

アドバイス【2】
自分でチェックリストを作り、翌日の用意も含めて準備をしてから寝ると、朝になって慌てることがありません。

アドバイス【3】
持ち物には、すべてに必ず名前を書きましょう。

付録 実習前のチェック
チェック事項 10

実習前にチェックしておきたいことを、10項目にまとめてみました。社会人としての自覚をもって、しっかり準備しておきましょう。

1 生活のリズムを整えましょう。
実習は2～4週間あります。緊張したりふだんと違う生活をするため、体調を崩しやすくなります。実習の始まる少し前から生活を朝型にし、規則正しい生活、食事、早寝・早起きなどを心がけましょう。

2 言葉づかいはだいじょうぶですか？
子どもへの言葉づかいは、わかりやすく、やさしく、心の込もった語りかけを心がけるようにしましょう。実習前には友達と練習を。

3 子どもの発達段階を知っておきましょう。
発達の一覧表(10～13ページ)をコピーして、実習記録簿にはっておくのもよいでしょう。

4 友達といっしょに保育技術を研究しよう。
手あそび、ゲームあそび、絵本や紙芝居、素話、パネルシアター、エプロンシアター、ペープサートなど、ひとりでは何をすればいいのか悩んでしまい、思うようにはかどらないことが多いと思います。そこで、友達と協力してみましょう。ひとりでは思いつかないような考えやあそびの内容が出てきます。年齢やクラスの状態に合ったあそびを研究し、自分のものにしておきましょう。

5 部分実習の候補を用意しておきましょう。
年齢や子どもの興味、季節などに合わせた内容を用意しておきましょう。指導案もおおまかなものを立てておくと、役に立ちます。

6 実習期間の子どもの姿や行事、自然などを調べておきましょう。
その月の子どもの姿、園行事、社会行事を知っておくと、保育の流れがつかみやすいです。また、植物や小動物についての知識があると、子どもとの話題も広がります。

7 早めにオリエンテーションをしてもらいましょう。
園やクラスのようすが早くわかると、準備がしやすくなります。質問があれば事前にメモをしておき、聞き忘れのないようにしましょう。

8 記録の記入の仕方をしっかり学んでおきましょう。
参考書や先輩の記録を見せてもらって、よく学んでおきましょう。

9 名札を作っておきましょう。
安全性の高い名札を作っておきます。ひらがなで大きく書きます。園によって、指定の名札がある場合があります。事前に確認しておきましょう。 

10 あいさつや返事の練習をしておきましょう。
あいさつや返事で注意を受ける実習生も多いようです。相手に聞こえるように、はっきりとした声であいさつをするよう心がけましょう。また、保育者に呼ばれたり何かを頼まれたときには、元気よく「はい」と返事をしましょう。

付録 実習中のチェック
チェック事項⑩

実習期間中は、自分を見失うことも。毎日帰ってきたら、落ち着いて見直してみてください。

1 明るくあいさつをしましょう。

園の関係者や保護者、子どもたちには自分から先にあいさつをしましょう。初日から明るく元気にあいさつをすることが肝心です。

2 笑顔を忘れないようにしましょう。

不安そうな顔をして子どもたちの前に立つと、子どもたちも不安になります。いつも笑顔でいれば、しぜんと落ち着きます。

3 はっきりと言いましょう。

何事も大きな声ではっきりと言いましょう（あいさつ、返事、ことばがけ、部分実習など）。子どもたちの集中力も高まります。

4 子どもの名前を呼んでみましょう。

子どもの顔と名前を早く覚え、名前を呼んでから話し始めましょう。子どもたちも親しみを感じてくれます。

5 積極的に経験させてもらいましょう。

「○○をやってみませんか」と言っていただいたときは、とにかくやってみましょう。また、言われなくても自分から「やらせてください」と積極的にお願いしてみましょう。

6 失敗を恐れないようにしましょう。

失敗は貴重な経験です。たくさん失敗をして、反省を記録に残し、次に生かしましょう。

7 わからないことはその日のうちに質問しましょう。

保育中に感じた疑問や質問はメモを取り、その日のうちに口頭で聞いておきましょう。

8 部分実習は個人差で考えておきましょう。

計画通りにいかないのが部分実習です。個人差を考え、準備や時間配分などを十分考えましょう。

9 忘れ物をしないようにしましょう。

その日の実習が終わって家に帰ったら、次の日の持ち物のリストを作り、前夜に用意しておきましょう。忘れ物を取りに戻り、そのために遅刻することなどのないよう気をつけてください。

10 「報・連・相」を忘れないようにしましょう。

園長、主任、担任保育者への「報告・連絡・相談」を忘れないようにしましょう。子どものことはもちろん自分のこともです。

付録 実習後のチェック
お世話になった園に感謝の気持ちを込めて
実習礼状

「実習に来てもらってよかったな…」園の先生がたがこのように感じるのは、実習生から心の込もった礼状が届いたとき。実習園での生活を思い出しながら、感謝の気持ちを込めてかきましょう。

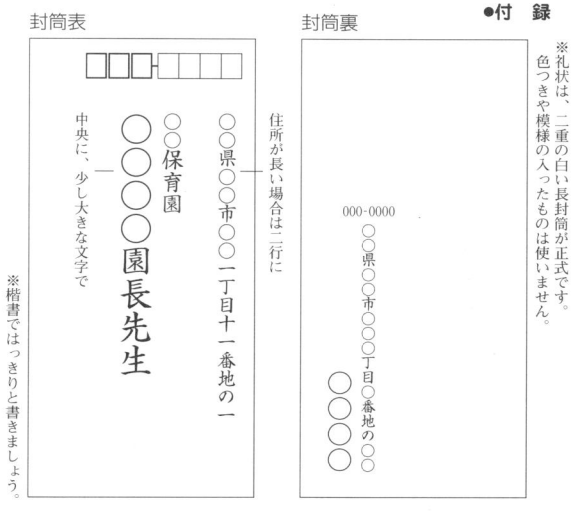

封筒表

〒000-0000

○○県○○市○○○○一丁目十一番地の一

※住所が長い場合は二行に

○○○○保育園
○○○○園長先生

※中央に、少し大きな文字で
※楷書ではっきりと書きましょう。

封筒裏

〒000-0000

○○県○○市○○○丁目○番地の○
○○○○

※付録
※礼状は、二重の白い長封筒が正式です。色つきや模様の入ったものは使いません。

礼状本文

頭語（書き出しのことば）
拝啓

時候のあいさつ（九月）
朝夕はずいぶんしのぎやすくなってまいりました。

安否のあいさつ
先生方にはお変わりなくお過ごしのことと存じます。

御礼のことば
この度の春・夏の保育実習では大変お世話になり、心から御礼申し上げます。

主文・実習中の思い出・感謝のことば
初めての保育園での実習ということで緊張や不安がありましたが、園長先生をはじめ、多くの先生方に優しく接していただき、次第に楽しく実習をしていくことができるようになりました。五月の実習では、園長先生から大型絵本をお借りして、直接ご指導いただいたり、予定にはなかったのですが、私が「朝の活動を一度経験させてください。」と申し出ると、快く許可してくださいました。次の活動を把握していなかった私に、親切に教えていただいたり、準備や環境設定の手助けをしていただきました。八月の責任実習をやらせていただいたり、○○組で責任実習をやらせていただいたり、実習簿の書き方についてもていねいにアドバイスしてくださり、とても感謝しております。先生方はお忙しい中でも私が質問したことや実習簿の書き方についてもていねいにアドバイスしてくださり、とても感謝しております。

これからの抱負
保育実習を通して、保育の重要性や大変さの中にも楽しさを感じ、ますます保育者になりたいという思いが強くなりました。園で学んだ多くの貴重な体験を生かし、これからもがんばろうと思います。また、お誘いいただいた○月○日の運動会には、何か先生方のお役にたてればと考え、お手伝いに伺わせていただきたいと思います。どうぞご指導のほどよろしくお願いいたします。

結びのあいさつ
取り急ぎ御礼申しあげます。

結語（「敬具」でもよい）
かしこ

日付（2文字くらい下に）
○月○日

署名（中央より下に）
○○○○

少し小さい文字で
○○○保育園
○○○○園長先生

※少し大きな文字で、主文の高さで

※例は、便せん2枚くらいの内容です。

アドバイス【1】
1か月もたってからの礼状は、気持ちが伝わりにくくなります。実習終了後、2週間以内くらいに出しましょう。

アドバイス【2】
参考にするものがあってもかまいませんが、そっくりそのままという礼状は、もらっても少しもうれしくありません。自分のことばで、感謝の気持ちをすなおに表現しましょう。

一般的な時候のあいさつ例

- 五月……若葉の候
- 六月……初夏の候（梅雨の候）
- 七月……盛夏の候（梅雨の間）
- 八月……残暑の候
- 九月……初秋の候
- 十月……仲秋の候
- 十一月……晩秋の候

付録 実習後のチェック

実習を振り返って…今後のための自己反省 チェックリスト

実習の反省をしましょう。次回の実習のため、将来のためにもきちんと評価をして、今後どうしたいのかを自分で考えましょう。

	○	△	×
遅刻、欠席はなかったか			
体調管理はできたか			
明るくだれにもあいさつできたか、返事はどうだったか			
笑顔を忘れずにできたか			
ハキハキとていねいな言葉づかいができたか			
子どもたちの名前を覚えて、きちんと呼べたか			
積極的にできたか(部分実習、質問、掃除、ことばがけ、その他)			
準備にぬかりはなかったか(保育技術など)			
忘れ物はなかったか			
報告、連絡、相談ができたか			
失敗して長いこと落ちこまなかったか			

- 「あそび」についての反省

- 「記録」についての反省

- 「指導案」についての反省

- 自分のテーマは何だったか、達成できたか？

- 自分を褒めてあげたいところ

- 自分が失敗したところ、こうすればよかったと思うこと、注意していただいたこと

- 後輩に伝えたいこと

- 子どもたちとかかわって気づいたこと

- 先輩から学んだこと

- 今回の実習で最も印象的だったこと

- 今後の課題と目標

編著者

阿部　恵（あべ・めぐむ）
道灌山学園保育福祉専門学校保育部長
道灌山幼稚園主事

現場の経験を生かして、子どもたちとふれあうための保育技術・教材を精力的に研究。楽しい実演・講演会には定評がある。

● 主な著書
「改訂新版　年齢別保育資料④〜⑥」（ひかりのくに）
「ペープサート大百科」（ひかりのくに）
ほか、絵本・紙芝居・童話等も多数。

鈴木みゆき（すずき・みゆき）
國學院大學人間開発学部子ども支援学科　教授
「子どもの早起きをすすめる会」発起人、医学博士

保育者養成に深くかかわりつつ、乳児保育・幼児教育に関する研究活動を続ける。特に子どもの生活リズムの改善を大きなテーマとしている。

● 主な著書
「改訂新版　年齢別保育資料①〜③」（ひかりのくに）
「手あそび・指あそび・歌あそびブック①・②」（ひかりのくに）
「保護者もいっしょ 生活リズム改善ガイド」（ひかりのくに）ほか。

執筆協力
藤井　徳子

教育・保育実習安心ガイド

2002年3月　　初版発行
2021年9月　　第37版発行
編著者　　阿部　恵・鈴木みゆき
発行人　　岡本　功
発行所　　ひかりのくに株式会社
　〒543-0001　大阪市天王寺区上本町3-2-14　郵便振替 00920-2-118855　TEL06-6768-1155
　〒175-0082　東京都板橋区高島平6-1-1　　郵便振替 00150-0-30666　TEL03-3979-3112
　http://www.hikarinokuni.co.jp
印刷所　　大日本印刷株式会社

©2002　乱丁、落丁はお取り替えいたします。　　Printed in Japan
JASRAC 出　0200323-137　　ISBN978-4-564-60671-7
　　　　　　　　　　　　　　　　　　　NDC376　128P　26×19cm

本書のコピー、スキャン、デジタル化等の無断複製は著作権法上での例外を除き禁じられています。本書を代行業者等の第三者に依頼してスキャンやデジタル化することは、たとえ個人や家庭内の利用であっても著作権法上認められておりません。